JN275118

釜山港物語

在韓日本人妻を支えた崔秉大《チェ・ビョンデ》の八十年

北出　明

社会評論社

研修会の講師として

「釜山会」のメンバーに囲まれて
前列左より鈴木力雄氏、崔秉大氏、結束好氏、柳田幸三氏、
後列左より、西山知範氏、足立有功氏、友永幸譲氏

平成16年秋の叙勲の際
国田房子・芙蓉会釜山本部会長から
花束を贈られ感極まる崔秉大氏

平成16年秋の叙勲の受賞式典

常陸宮殿下 同妃殿下ご臨席の下
猪熊葉子・社会貢献支援財団会長より表彰される崔秉大氏

芙蓉会のお婆さん達と日本を訪れて

序文

朝日新聞コラムニスト（前論説主幹）
若宮啓文

人と人の出会いとは面白いものだ。韓国との付き合いが三十年に及ぶ私だが、実を言えば、この本の主人公である崔秉大さんにも著者の北出明さんにも、つい最近までお目にかかったことはなかった。そんな私がこうして序文を書かせていただくことになろうとは…。

いきさつは、こうである。

昨年（二〇〇八年）十二月に釜山を訪れた私は、初めて崔さんにお目にかかった。日韓の現代史を釜山で見てきた人物がいないかと、釜山留学の経験がある朝日新聞の後輩に相談したところ、それなら崔さんが一番よかろうと紹介してくれたのだ。崔さんとは昼食をともにして二時間ほど話をうかがった。八十歳近いとは思えぬエネルギーでほとばしるように思い出を語ってくださったが、その情熱だけでなく、体験の中身の濃さにただただ驚いた。わずかな間の会話から、崔さんの人生こそ日韓関係を語る宝庫に思われて、ふと、いつの日か伝記でも書かせてもらいたいと思った。

ところが、崔さんによると、すでに北出さんという方が自分を取材しており、本の制作中だというではないか。私は内心やられたなと思いつつ、それはよかったですね、と答えた。実際のところ、いつになったら実現するのやら当てにならない私より、現に取り組んでいるライターがいるのは結構なことだ。だれにせよ、崔さんのことを記録しておくことは大きな意味があると、ちょっぴり悔しいけれどそう思った。

私が日本に帰ってからしばらくして、今度は崔さんから電話をいただいた。北出さんを紹介したい、という。書き進めた原稿をもって北出さんが私を訪ねてくださったのは、それから間もないことだった。

原稿を読み始めて、たちまち時間を忘れた。植民地のころ日本で過ごした屈折の少年時代。いったん韓国に帰りながら朝鮮戦争開始とともに日本に「密入国」して以後の武勇伝。帰国後、日韓国交正常化とともに開設された釜山の日本総領事館で取り組んだ難問の数々。身寄りのなくなった日本人女性らを支える活動の日々。そして、ドラマチックな愛の物語…。そこには想像した以上の波乱の人生と日韓が描かれていた。

不覚にして北出さんのことはよく存じ上げなかったのだが、韓国で唯一の歌人だった孫戸妍さんの伝記が出版されていることは知っていた。何と、その著者が北出さんだったのだ。孫さんは植民地時代に日本で女学校に通いながら和歌を学び、戦後も韓国で歌集を出し続けた感動の女性。北出さんの著書『争いのなき国と国なれ――日韓を詠んだ歌人・孫戸妍の生涯』（英治出版）のタイトルは、孫さんの歌からとったものだが、遅まきながらこれを読んで、こういう韓国人がいたことに感動を覚えた。

北出さんには『韓国の観光カリスマ――高光喆の半世紀』（交通新聞社）という本もあった。釜山の観光をリードしてきた民間人の伝記だが、ここでも日韓の人たちをつないで生きてきた主人公が生き生きと描かれていた。そして今回の本である。

いまでこそずいぶん変わったが、韓国の対日感情に激しいものがあるのは言うまでもない。北出さんが取りあげてきたのは、とりわけ厳しかった時代にあって、日本をよく知り、正しい日本理解のもとに人生を賭けてきた真に愛国の韓国人たちばかりだ。

長年、国際観光振興機構（ＪＮＴＯ）に勤めて定年を迎えた北出さんは、もともとプロの物書きではない。ソウル事務所に五年間勤務して「日韓」に目覚めた末、こうした伝記に手を染めるようになったという。それだけでも驚くべきだが、私が心を打たれるのは何よりもみずみずしい感性であり、心の温かさ、そして素直な筆致だ。取材の相手はみなそんな北出さんに心を許し、自分をさらけ出したのではないか。それは本書を読み進めていただければ、すぐにわかっていただけよう。

北出さん自身、自らが描く韓国人と同じように、日韓の間に生き、日本の韓国理解を助けるために身を捧げている日本人にほかならない。だから、本書でも北出さんの描く崔さん像には、北出さんの熱い思いが重なって見える。

本書では崔さんと関わりをもった多くの日本人が好んで証言していることも感動的だ。その中にはまさに運命的な相手も含まれているのだが、これ以上は野暮な解説を避けておこう。あとはみなさんにワクワクしながら読み進めていただきたい。

私は崔さんの伝記を書き損なった。だが、本書を読んで、書き損なって本当によかったなと思っている。

（わかみや・よしぶみ）

第一章　少年時代

日本による朝鮮の植民地支配が始まって二十年近く経った一九二九（昭和四）年十一月三日、全羅南道光州市で「光州学生運動」が起きた。この光州学生運動は、一九一九（大正八）年の「三・一運動」（別名・「万歳事件」）と共に抗日運動の代表的なものとして韓国の現代史の中で重要な役割を果たしている。

かいつまんで述べてみよう。

一九二九年十月のある日、通学列車の中で日本人の中学生が朝鮮人女学生をからかったのが原因で、女学生を守ろうとした朝鮮人の男子学生と喧嘩が始まり、警察騒ぎとなった。駆けつけた日本人警官は理由も聞かずに朝鮮人男子学生を殴りつけ、二人を引き離した。翌日、再び列車内で二人が衝突を繰り返し、車掌が仲裁に入ったが、この車掌も一方的に朝鮮人学生を責めた。

これが発端となり、二人の中学生の喧嘩から学校同士の争いとなり、学生たちの乱闘へと発展した。双方から逮捕者が出たが、警察は朝鮮人学生だけを起訴した。このあからさまな差別に光州市民が立ち上がり、連日デモが繰り広げられた。ソウルでも学生たちが連帯の声を上げ、遂に十一月三日、「植民地解放」のスローガンの下、一万人規模のストライキとデモが行なわれ、それが燎原の火のように開城《ケソン》、平壌《ピョンヤン》、大邱《テグ》、釜山を始め全国各地に飛び火して行った。

これが、今からちょうど八十年前に起きた、日本の植民地支配に抵抗する民衆の手で引き起こされた事件である。

さて、その一九二九年の七月二七日、光州市から東に直線距離で約百六十キロメートル離れた慶尚南道昌原郡上南面《チャンウォングンサンナンミョン》の大方里《テバンニ》という小さな村で一人の男の子が誕生した。普通の赤ん坊より並外れて大きく、燃える火の玉のような男の子だった。父親は何代も続く地主の家柄の一人息子であったので、その跡取りとなる男子の誕生が早くから待ち望まれていた。しかし、長女が生まれてから十年以上も二番目が生まれる気配が無く、やきもきする周囲はそばめ（側妻）を迎えることを迫った（それは、当時ではごく普通のことであった）。だが、漢学の素養があり、謹厳実直な性格の父親はそれに従おうとしなかった。そんな状況の中、実に十二年ぶりの第二子、しかも待ちに待った男子誕生とあって家中のみならず村全体が喜びに湧きかえり、三日三晩、祝宴が続いた。

しかし、植民地支配下にあった国の片田舎のささやかな幸福など長く続くはずもなかった。父祖伝来の広大な田畑の殆どは不条理な時代の波に呑み込まれて行った。

学識があり、温厚篤実な地主として村中から尊敬を集めていた父親の名前は崔福守（チェ・ポクス）と言い、十二年ぶりに待望久しかった男の子を産んだ母親は朱善伊（ジュ・スンイ）と言った。そして、赤ん坊は秉大（ビョンデ）と命名された。

崔福守は村の中心的存在として、書堂（ソダン）と呼ばれる寺子屋を開いて村の子供たちの教育にも力を注いだ。当時、地方の小さな村では学校に通える子供というのは皆無に近く、書堂が唯一の勉学の場であった。そのため、四、五歳の年少組から十四、五歳の年長組まで村の子供たちの殆んどが崔福守の書堂に集まった。

秉大は祖母に抱かれ、よく書堂の見学にやってきたが、そのような時、父親の崔福守は、自分の息子も将来は勉学を重んじる子供に成長してほしいと願った。

また、崔福守は、もう授からないと半ば諦めていた跡取り息子が丈夫に育つようにと、心得のある漢方薬を用いて秉大の健康に細心の注意を払った。そのお陰で、彼は殆んど病気することもなくすくすくと育っていった。

崔秉大の頑健な身体の基礎はこの時代に培われたものなのであろう。

ところで、当時の朝鮮半島の人々の多くは植民地政策に圧迫され、生活の糧を得るために日本に渡って行った。ある者は単身で、またある者は家族を連れて…。

土地を失い、地主として立ち行かなくなってしまった崔福守もまた日本に行くことを決心した。たまたま、妻の弟が広島で手広く事業を営み、安定した生活を送っていたので彼を頼ることにしたのである。しかし、その時の秉大はまだ幼少で、異国で暮らすには早過ぎると判断され、暫らくは母方の祖母に預けられることになった。

それから数年後の一九四〇（昭和十五）年の暮れ、十一歳になった崔秉大はようやく両親の元に呼び寄せられることになり、知り合いの男性に連れられて玄界灘を渡った。冬の海は荒れ、船は大揺れに揺れ、下関に着いた時は船酔いでぐったりとしていた。休むことも許されず、そのまま汽車に乗り込み、両親の住む広島県の西条町（現在の東広島市）にやっとの思いでたどり着いた。そして、早速、地元の西条小学校に通うことになった。

　まだ日本語が十分でなかったこともあり、二年生に編入されることになったが、ご多分に漏れず級友達から頻繁にいじめを受けた。中に一人ガキ大将がおり、彼のいやがらせは執拗だった。崔秉大のそばを通りかかるたびに頭や肩を小突きながら、

「おい、朝鮮人、ニンニク臭いぞ！」

と憎まれ口をたたいた。当時、崔秉大は普通の級友たちより一、二才年長であった上、体格も際立っていたため、その気になって喧嘩をすれば誰にも負けない自信はあった。しかし、崔秉大はじっと堪えた。今にも爆発しそうなことが何度かあったが、耐えに耐えた。人の何倍か気性の激しい崔秉大が我慢の限界を超えずに済んだ裏には、ひとりの優しいクラスメートの存在があった。彼女の名前は二野宮淑子と言った。彼女も背が高く、崔秉大とは最後列の机に並んで座っていた。慣れない日本の学校生活に気を遣ってくれ、鉛筆を削ってくれたり、消しゴムを貸してくれたり、なにやかやと世話を焼いてくれた。件のガキ大将の振る舞いに対しても、

「〇〇さん、なんでいつも月山さんのことをそんなにいじめるの！」

と、立ち向かった。

その頃、崔秉大は創氏改名令により「月山秉大（ツキヤマ・ヘイダイ）」と名乗らされていたのである。

〈とにかく、級友たちには勉強で勝つことだ〉

と心に誓った崔秉大はがむしゃらに日本語を勉強した。日本語さえ理解できるようになれば、後の科目は自然に頭に入ってきた。その努力の甲斐あり、三年生の終わり頃にはクラスで一、二を争うほどになっていた。そうなると、彼をいじめる者は誰もいなくなった。あのガキ大将も、今度は子分よろしく常にピョコピョコと崔秉大の後ろにくっついて回るようになった。そんな時、崔秉大は、

〈ここまで来ることが出来たのもいつも陰になり日向になって支えてくれた二野宮さんのお陰だ〉

と感謝することを忘れなかった。

しかし、級友たちとの関係が良くなった一方で、崔秉大には大きな試練が待ち構えていた。

時代は既に太平洋戦争に突入しており、日本国内では軍国主義が一層色濃くなっていた。当時の西条小学校のH校長は軍国主義を身体に染み込ませたような人物で、生徒に

対する指導も頑迷な厳しさ一辺倒だった。

ある日のこと、同学年の男子生徒たちが相撲を取っていた。高学年になった崔秉大の体格はさらに立派になっていた。相撲も抜群に強かった。その時の何人目かの相手は意外としぶとく、土俵際までもつれ込んだ。最後の駄目押しと、崔秉大は思い切り相手を土俵の外に押し倒した。相手は身体を強打したらしく、痛みに耐えかねて泣き出してしまった。喧嘩で泣かせたわけでもなく、崔秉大はどうしたものかと思っているうちに相手の姿が見えなくなってしまった。

次の授業時間、ふと窓の外を見た崔秉大の目に一人の和服姿の女性が校門から入って来るのが見えた。その女性は急ぎ足で運動場を横切り、校舎に姿を消した。崔秉大はなにかしら不吉な予感がした。暫らくして、女性の事務員が教室に入ってきて、

「月山さん、校長先生がお呼びです。すぐに校長室に来てください」

と伝えた。担任は森高敬三と言った。森高の顔を見ると、では行ってきなさい、との合図だった。

「月山、お前は△△に乱暴して泣かせたそうだな！」

と、いきなり校長の叱責の声が飛んできた。余りの突然のことに崔秉大は咄嗟に答える

ことが出来なかった。

「さあ、どうなんだ。すぐに返事が出来ないところを見ると、やっぱり乱暴したんだな」

「いえ、僕たちはただ相撲を取っていただけなんです」

「なに、相撲を取っただけで△△が泣いて家に帰るわけがないだろう。そんな乱暴者は今すぐにでも半島に帰れ！」

　この時の校長の「半島に帰れ」といった言葉には明らかに侮蔑と嫌悪の感情が含まれていた。

「僕はなにも悪いことをしたわけではありません。それに、帰れと言われても一人で帰ることはできません」

「なにおっ、生意気な！」

と、言うなり校長は履いていたスリッパを手に持ち、思い切り崔秉大の頭を殴った。スリッパと言っても普通のものではなく、革靴を改造したもので踵がとても硬い。崔秉大の身体は大きく揺れ、立って居るのが精一杯だった。その時だった。校長室のドアがガラリと開き、森高が入ってきた。

「校長先生、なにもそこまでしなくてもいいじゃありませんか。月山にはなんの落度もありませんよ。まだ小学生の子供に半島に帰れとは余りにも理不尽だと思います。それに私の授業中に理由もなく生徒を連れ出すなんて、いくら校長先生でもいかがなものですか。月山のことは私が責任を持ちますので、これで彼を引き取らせてもらいます！」

「キミがそこまで言うなら勝手にしなさい。しかし、月山のことは本当にキミが責任を持って指導するんだ、いいかね！」

　森高に促されて崔秉大は校長室を出ようとしたが、悔しさで胸が張り裂けそうになり、今にも校長に掴みかかりたくなる衝動を抑えるのが精一杯だった。

　教室に戻る前、森高は誰も居ない場所に彼を連れて行き、静かに言った。

「なあ、月山、辛いだろうな。お前の悔しい気持ちは先生にもよく分かるよ。この時代、日本とお前の国だった朝鮮とはこんな関係になって、朝鮮から来た人たちが苦労していることも先生は分かっているつもりだ。しかし、今は我慢して、しっかり勉強をしろ。そのうちにきっといい時代も来るからな。先生は、お前が今の辛い時期を乗り越え、将来はきっと立派な人間になってくれることを信じているぞ。きょうのことは早く忘れて、また元気になってクラスを引っ張って行ってくれよな。頼むぞ！」

　崔秉大は森高の真心のこもった慰めに嗚咽を堪えることが出来なくなり、小学生とは思えないようながっしりした肩を小刻みに震わせた。その肩を森高の無骨な手が優しく何度も何度も撫でてくれた。

〈月山、がんばれ!〉

〈先生、有難うございます!〉

この一件以来、崔秉大の胸の内には日本に対する愛憎の念がない交ぜになって存在するようになった。

二野宮さん!

今年満八十歳を迎える崔秉大が七十年近くも前の小学校時代を思い出す時、必ず彼女の名前が浮かんできて、彼の脳裡から消え去らない戦前・戦時中の殺伐とした風景を和らげてくれるのである。

馴れない異国での生活に戸惑い、日本語にも不自由し、心無い級友たちから絶え間なくいじめを受ける中、彼女はいつも温かく接してくれた。一年間の忍耐と努力が実り、勉強とスポーツで頭角を現し始めると周囲からは畏敬の眼差しで見られるようになった。そして、クラスでトップの座を争う良きライバルになったのは彼女だった。そのような彼女を意識するようになったのもごく自然の成り行きであった。

彼女の家は西条町の郊外の高台に位置する御建神社の下手にあった。境内から長い坂になっており、その長い坂を下り切った右手が彼女の家だった。塀の中は木々が茂り、二階の部屋の窓がよく見えた。神社の境内は子供たちの恰好の遊び場で、崔秉大もよく仲のいい友達と遊んだ。彼女を意識するようになってからと言うもの、下手にある家の二階の窓が気に掛かって仕方がなかった。ある日、遊び仲間の一人が自転車に乗ってきた。ひょっとしたら二野宮さんが家に居るかもしれない、そう考えた崔秉大は仲間の承諾も得ず、その自転車に飛び乗った。彼女を訪ねるつもりではなかったし、その勇気も無かった。運が良ければ、あの部屋の窓から彼女の姿が見られるかもしれない、と思ったまでだ。

自転車は坂道を下り始めると急に加速し出し、かなりのスピードになった。少し速度を落としたほうがいいと考え、ブレーキをかけようとしたが、なんとブレーキが利かない。これはまずい、と思ったが、もうどうすることも出来なかった。崔秉大は捨て身となり、彼女の家の向かい側の石塀に突入した。派手な衝撃音とともに身体は塀にぶつかった後、道路の上に投げ出された。

果たせるかな、二野宮淑子が家の中から飛び出してきて、

「まあ、月山さんじゃないの！　一体どうしたの？　アラアラ、血が出ているわよ」

と、抱き起してくれた。自転車は無残にも壊れ、身体の数箇所には大きな擦り傷があった。とんだ「ロミオとジュリエット」を演じてしまったが、崔秉大は
〈まあ、いいか。その代わり、二野宮さんに抱きかかえられたんだから…〉

と、折り合いをつけることにした。しかし、自転車は弁償しなければならず、代償は余りにも大きかった。ただ、助かったのは、その日の夜、父親に報告を行い、自転車の弁償を願い出たところ、父親はなにも言わずお金を出してくれたことだった。


さて、ここで、崔秉大によく目を掛けてくれたもう一人の教師のことについて触れておきたい。池田弘と言った。実は、池田は前述の森高のように優しくはなかった。体操の時間など、姿勢が悪いといって生徒たちはよく殴られた。崔秉大も例外ではなかった。しかし、池田の場合、H校長とは違い、生徒に体罰を加えるにしても愛情がこもっていた。従って、生徒たちからは慕われていた。森高とは同僚の立場で、二人は仲が良かった。恐らく、H校長による殴打事件のことも森高から聞かされていたに違いない。

後年（昭和五十年頃）、崔秉大が釜山の日本総領事館の職員として安定した地位に着き、かつての西条小学校の級友たちとの交流が復活し始めた頃のこと。級友の一人が、池田の消息を崔秉大に伝えた。早速、彼が池田に手紙を送ったところ、池田からは感激に溢れた返事が返ってきた。流麗な達筆で、文章の運び方や文字の並べ方など、まるで一篇の詩の趣がある。池田の崔秉大に対する心情が伝わるよう、そのまま再現したい。

月山君、全くなつかしいね。
ほんとになつかしいね。よく覚えているよ。すばらしかった月山君。
たくましい体躯、すばらしい頭の切れ味、それにすばらしい統率力。
級友のみんなが君に信頼と畏敬をささげていた。
勉強時間のすばらしい活躍。
体育スポーツ集団活動での率先。
ほんとに未来を約束するに足るすばらしい月山君だった。
更に君の根性、ファイト、ほんとに頼もしい君だったね。
ほんとになつかしいよ。

生きて居ればこのように文通することも出来るし、嬉しいこと、有難いことだ。
たとえ国境をへだてるといっても同じ心は一つ。
そして、先生と呼ばれ、教え子と呼ばれる仲の幸福をしみじみと味わっている。
すばらしい未来を期待していた君。
やはり私の期待通りよく努力してくれた。
大学進学、卒業、そして隆々たる大韓民国のリーダー的役割。
本当に嬉しいことだ。
それでこそ力説した西条精神というべきもの。
「正しく　強く　優しく　永く」
ほんとによくがんばってくれた。
先生はうれしくてたまらないよ。
あれから三十年の歳月が流れてしまったね。
西条も変わったよ。
H校長は亡くなるし、森高先生は学校をお辞めになった後、町会議員になられ、
今はお百姓で大活躍だ。

（中略）
どうか体を大切にしてくれ。
祈っている。
皆様によろしく。
西条魂を大切に。
祈っているぞ。
又のときに。嬉しさいっぱい。
ご健闘を！
奥様によろしく。

池田　弘

月山君

この手紙以降、二人の間には度々手紙の往復があったが、特に池田は律儀で、何かの折には必ず知らせてきてくれた。ここに、一九九五（平成七）年十一月二七日付けの葉書がある。

前略　その後失礼しています。

実は君が担任して戴いていた森高敬三先生は永く病院にありましたが、去る十月二十日に呉の病院で亡くなりました。森高先生とは西条小学校で一緒でしたが、立派な先生でした。（中略）

会葬できなかったので、去る十二日にお宅にお参りし、お経を上げ、奥様と長男さんと話して帰りました。お力落としでした。其の時、家族写真の額の中に私の差し上げた弔電と君がかつての日に出した手紙文一枚とが入れてありました。余程、先生が君を可愛がられ、君が先生を慕っていたものかと思い、胸が熱くなりました。もし、君が先生のご逝去をご存知でなかったら、一度、奥様にハガキを出してあげてください。お喜びになると思います。

君も現役を退かれ、悠々自適の生活と存じます。すばらしいご活躍を心より喜んでいます。ご自愛、ご健勝をお祈りしています。以上、お知らせまで。

池田　弘　拝

この知らせに接した崔秉大は涙がとめどなく溢れ出るのをどうしても抑えることが出

来なかった。そして、五十年前の思い出が鮮やかに蘇ってきた。

六年生になり、そろそろ中学進学を考える時期に差しかかっていたある日のこと、森高がやってきた。

「月山、中学校はどうするつもりだ?」

「先生、僕は広島一中か二中に進みたいと思っています」

「一中か二中か。うむ、お前の成績ならどちらも大丈夫だろうな。しかしなあ、どうだ、安全策で県立商業か私立の名門の修道中学なんかはどうだ?」

「どうしてですか?　僕より成績が下の連中でも一中や二中を志望していますよ」

「うーん、内申書がなあー」

「先生、試験なら合格する自信があります。どうか、一中か二中を受験させてください」

「それじゃ、ちょっと考えてみよう」

数日後、再び森高先生がやって来た。

「月山、済まない。やっぱり内申書の問題があってなあー……」

「………」

「月山、先生の力が足りないために、お前に悔しい思いをさせることになって、どうか許してくれ」

「先生、僕はお情けをもらってまで中学校に行きたいとは思いません。僕が朝鮮人だから内申書を出してもらえないことはうすうす感じていました」

「月山、………」

「先生、僕のことはもう心配しないでください。先生が僕のためにいろいろ骨を折ってくださったことはよく知っています。本当に有難うございました。僕はもう決心がつきました。中学校は諦めて、先生が尋常高等小学校に行かれるそうですから、僕も先生に付いて行きます」

「月山、お前………。本当に済まない。先生を許してくれ」

十歳そこそこの少年に、どうしてそのような差別を受けなければならないか、そのわけが分かるはずも無かった。しかし、非情な仕打ちがある一方で、生涯忘れることの出来ない人間の優しさがあることも、この時、崔秉大は知った。

切なく、やるせなく、それでいて心が癒される思い出であった。

思い出と言えば、もちろん学校生活以外にもいろいろあった。

崔秉大の家庭生活は、当時朝鮮から渡って来た人々の平均的なそれと比較すると、かなり恵まれた方だった。それは、彼の一家が頼りとしてやってきた叔父に負うところが大きかった。叔父は、軍の施設の建設を請け負っており、そのため数十人もの若い労働者を使っていた。彼らは全員、朝鮮から連れて来た人間で、建設現場の労働者ともなると、当然、荒くれ者が多かった。叔父は豪胆で相当な腕力もあった。それでなければ大勢の血気盛んな若者たちを統率することが出来なかった。

父親の崔福守は学者肌の人物で、土建業には向いておらず、漢学の素養があることから漢方薬の販売の仕事に従事し、各地に売り込みに行くため留守勝ちであった。母親の朱善伊は叔父（自分の弟）から頼まれ、会計を手伝ったり、作業員の食事の世話をしたりした。時にはマッコリ（日本のドブロク）を作って臨時収入を得ていた。勤勉な両親のお陰で暮らしには余裕があり、崔秉大は金銭上で惨めな思いをしたことは一度も無かった。また、叔父の事業の恩恵で食糧も不自由することは無かった。当時は既に配給制で、一般の家庭はひもじい思いをしていたが、崔秉大の家では米や野菜は勿論のこと、望めば肉も十分手に入った。

彼の八十年の人生においては厳しく暗い時期もあったが、常に快活さを失わず明るく生きて来たその資質は、この屈託無く、大らかに過ごせた少年期に培われたものであろう。

前述の通り、小学校時代は学力、体力共に優れ、周囲から常に（初期は別として）畏敬の念をもって接しられたのも、一つには経済的に恵まれていたことが背景にあった。

この叔父については、一つ忘れられない出来事があった。

使用人の中には事務員や賄い婦として数人の女性が雇われていたが、ひとり、誰もがハッとするような美貌の女性がいた。彼女をめぐって叔父と一人の青年との間で悶着が生じた。使用者としてけじめをつけようとする叔父に対して血気にはやる青年が立ち向かい、とうとう刃傷沙汰が起きてしまった。青年は重傷を負い、片腕を切断しなければならない事態に陥った。結局、叔父は傷害罪に問われ、一時期、広島の刑務所の世話になることになった。姉として、崔秉大の母親は何度も警察に陳情に走ったり、刑務所に面会に行ったりした。崔秉大も一度母親と一緒に面会に行ったが、叔父は動揺した様子もなく、平然としていた。

後になって、崔秉大は、自分の体に時としてたぎるように熱い血の流れるのを感じるが、それはもしかすると叔父から受け継いだものかも知れないと思うことがあった。

さて、尋常高等小学校に進んだ崔秉大は、心から慕う森高の下で勉強できる喜びで一杯だった。しかし、時局は切迫しており、森高学級の生徒たちも勤労奉仕に駆り出されることになった。崔秉大たちは西条町のO製作所の軍需工場で働くことになり、毎日、早朝から森高に引率されて、旋盤がうなる工場に通った。

工場長は特別に優しく、理解のある人だった。

「本当は学校で勉強しなくちゃならない時期なのに気の毒なことだなぁー。こんなことで日本は一体どうなるのだろー」

時々見回りに来る警官の耳にでも入れば大変なことになったであろう。

また、見るからにリーダーと思しき崔秉大が朝鮮人の子弟であることを知ってか知らずか、工場長はよく声を掛けてくれた。

「毎日ご苦労なことだのー。キミには特に世話を掛けているようだが、よろしく頼むよ」

その頃になるとアメリカのB29がよく飛んで来た。全身銀色の機体を輝かせながら青空の下を飛ぶ優美な姿は、〝鬼畜米英〟といった憎悪を煽る言葉とはまったくそぐわないものだった。そのB29の後には小型のグラマン戦闘機が低空飛行でやって来て、広島上空で威嚇射撃のようなことを行なった。そんな時、地上の日本軍からはなんの反撃も無く、時たまパンパンと心細い音がするだけだった。強力な機関銃の攻撃に対して空気銃で応戦しているような、なんとも頼りない風景だった。

そして、一九四五（昭和二十）年八月六日――。

この日、崔秉大はいつもの通り早朝から軍需工場で勤労奉仕に励んでいた。俄かに周囲が騒がしくなり、何事かと工場の外に出てみた。西方の広島市の上空に巨大な黒煙の柱が立ち昇っていた。生まれて初めて見る光景で、腰を抜かさんばかりに驚いた。しかし、この時点ではなにが起きたかまったく分からなかった。

午後には学校に戻った。校庭からは山陽本線を間近に望むことが出来た。午後二時頃、福山方面に向かう列車には夥しい数の負傷者が積み込まれていた。誰も彼も顔は火傷を負ったようになっており、衣服は焼け焦がれていた。広島の町でただならぬ事が起きたことを悟った。

帰宅すると、ラジオが広島に〝新型爆弾〟が投下され、町は壊滅状態に陥っていると報じていた。

三日後の八月九日、長崎にも同様の事が起こった。

その数ヶ月前から、沖縄戦で日本軍が敗北したことを新聞やラジオが大きく報道していたことに加え、現実に広島上空にＢ２９が飛んで来る様子を目にしていた崔秉大は、ことここに至って、子供心にも日本は戦争に負けるなと確信した。そして、尋常高等小学校を出たら予科練にでも行きたいと思っていたが、これでいよいよダメになったな、と自分に言い聞かせた。

ついに、八月十五日――。

天皇の玉音放送は両親と共に家のラジオで聞いた。内容は全く理解できなかったが、その重々しい口調から、天皇が日本の敗戦を告げているのだなということが分かった。

その時、父親がポツリと言った。

「日本もとうとう負けたか。どうせ降伏するなら、もう少し早くやっておけばよかったんだ！」

隣近所の家々も殆んどがラジオに耳を傾けていた。中には縁側にラジオを置き、庭先で家族全員が姿勢を正して聞いている家もあった。放送が終わると家の中から道路に飛び出し、おいおいと泣き出す大人が何人もいた。

その夜、叔父がやって来て、隣の部屋で父親と深夜まで何事かを相談しているようだった。おそらく、帰国の段取りについて話し合っていたのだろう。

崔一家も朝鮮に帰国するとの噂が町内に広まって行った。すると、親しくしていた何軒かの日本人家族から、

「いま朝鮮に帰っても大変だろうと思うよ。長年住み慣れたここにもう少し留まって様子を見ることにしなさいよ」

と、引き止められた。崔秉大は今更ながら、父親が周囲の人々から信頼されていたことを知り、嬉しく、誇らしく思った。しかし、父親の決心は変わらなかった。

崔秉大が家族と共に帰国の途に着いたのは十月の半ばだった。西条を離れる数日前、崔秉大は学校に別れの挨拶に行った。

最後まで温かく見守ってくれた森高、時には厳しく時には優しかった池田、それに、あの非情だったH校長までが崔秉大の肩を叩き、励ましの言葉を掛けてくれた。

「月山、がんばれよ！」

崔秉大にとってH校長の激励はまったくの予想外で、あの時の恨みの気持ちはいっぺんに吹っ飛んで行った。軍国主義の権化のように見えたH校長も日本の敗戦ですっかり気落ちしたのか、まるで憑き物が落ちたようだった。

いよいよ、別れの日――。

西条小学校と国鉄西条駅は道路を隔てて向かい合っている。校門を出て道路を横断し、陸橋を渡れば駅である。

崔秉大が家族と共に山陽本線の満員列車に乗り込んで窓の外を見ると、大勢の旧友たちが線路脇の道路上にずらりと勢ぞろいしていた。崔秉大は思わず座席に腰を掛けている人々を押しのけ、窓から身を乗り出した。懐かしい顔ばかりだった。彼が転校してきて間もない頃は何かにつけていやがらせをしたが、後になっては腹心の部下のように寄り添ってきた○○。相撲で負かして泣かせてしまった△△は広島二中に進んだために、そこにはいなかった。いつも親切に面倒を見てくれた二野宮淑子の顔も無かった。女学校に進学したためだった。それが寂しかったが、小学校を終えたとなるとみんな自分の道を歩み始めたのだった。崔秉大自身も今こうして祖国に帰ろうとしているのだ。

〈これが、それぞれの人生というものだ〉

見送りに来てくれた多くの友達の顔の一つひとつを見ていると、いろいろな思い出が蘇ってきた。敗戦直後の国全体が落ち込んでいる時期で、みんな貧しい身なりをしていた。しかし、どの顔も優しさに満ちていた。戦争が始まる前年から、戦争の間ずーっと一緒に喜びと悲しみを分かち合った友が今、祖国に帰ろうとしている。その友に別れを告げようと集まってくれた少年少女たちの顔には優しさだけがあった。

と、その時、ひとりの級友と目が合った。小学校時代の後半、最も親しく交わり、心を通わせた友だった。おとなしく、いつも寂しげな存在だった。彼は京都からの転校生で、言葉や習慣の違いのために級友のからかいの対象となっていた。父親が、当時にしては珍しく、民間人として外地に勤務していたため、どことなく雰囲気が知的で垢抜けしており、それがまた旧友たちの反感を買った。崔秉大はかつての自分を思い出し、彼がいじめられそうになったときは必ずかばってやった。性格も外見も正反対の二人は、それだからこそ仲良くなったのだった。その友は銭本三千年（ぜにもと・みちとし）と言った。

〈ふたたび会うことがあるだろうか？〉

二人は共通の想いを胸に抱き、窓越しに互いを見つめながら頷き合った。

それから、四十年後、崔秉大は銭本と釜山で感激の再会を果たすことになったが、その時のことは「第四章」に譲りたい。


このようにして、崔秉大の少年時代は幕を閉じた。

第二章　再び日本

六年ぶりの祖国であった。

釜山港の埠頭で引揚者の一行は、桟橋から降り立つや米兵たちにＤＤＴを頭から浴びせられ、上半身が真っ白になった。

国敗れて山河あり――。

今回の太平洋戦争で祖国は負けたわけではないが、久し振りに見る故郷の地はうらぶれ、荒廃していた。

〈なんだ、この有様は！　日本もひどい負け方をしたが、ウリナラ（我々の国）もこれからが大変だな〉

十六歳に達していた崔秉大は現実を目の当たりにし、帰国と解放の喜びに浸る気などにはなれなかった。祖国再建のためにはしっかり勉強しなければならない、そう考えた彼は中学校を目指してがむしゃらに勉強した。家族のために日本でコツコツと働いてくれた両親のお陰で進学できる環境にあり、幸い、馬山《マサン》中学校に編入が認められた。広島一中に行けなかった悔しさをバネに一生懸命に学業に励み、中学では優秀な成績で通した。

ところが、祖国での再スタートが順調に進み出したかに見えた矢先、崔一家に不幸が訪れた。

崔秉大が中学四年に進級した時だった。終戦翌年の一九四六（昭和二一）年のことで、国全体が疲弊していた。衛生状態も極度に悪く、コレラが流行した。特に、慶尚南道がひどかった。そんな中で、十二歳上の姉がコレラに罹った。本来なら隔離されなければならなかったが、多くの患者を収容できる施設もなく、彼らの殆んどは自宅療養を余儀なくされていた。崔秉大の母親は娘の発病に動転した。

「アイゴー！　二人の子供がいると言うのに…。出来るものなら、私が替わってやりたい」と言って、感染の危険を冒して看病に当たった。

しかし、姉はついに帰らぬ人となった。三十歳になるかならないかの若さだった。

さらに、不幸が追い討ちを掛けた。周囲の心配が的中し、母親が感染した。父親が漢方薬の知識を総動員して治療に全力を傾けたが、徒労に終わった。結局、母親は姉の死後、僅か二カ月も経たないうちにその後を追った。

母親の死は病気が病気だっただけに、野辺送りは寂しいものだった。まだ五十代半ばだった。父親、叔父、崔秉大の三人のみが棺を鎮海《チネ》の共同墓地に運び、ひっそりと埋葬した。

日本から帰国した際、これからの人生には苦難が待ち構えているだろうとの予感があった崔秉大だったが、こんなに早く試練が襲ってくるとは、と呆然となった。

しかし、いつまでも悲しみに暮れているわけには行かなかった。一度に妻と長女を失い、悲嘆のどん底にあった父親の支えにもならなければならなかった。折りしも、中学の卒業が間近に控えていた。当時、中学の卒業生というのはエリートであった。学校の推薦があれば、幹部候補生として軍隊または警察に入ることはさほど困難なことではなかった。

迷いに迷ったあげく、漢学者の父親の勧めで教育の道を選び、鎮海の大也《テヤ》国民学校（小学校）に臨時教員として勤めることになった。日本の植民地時代、各地の全ての学校には日本人教員が配置されていたが、解放後、彼らが帰国してしまったため、どの学校も教員が不足していた。そんなわけで、〝特採（特別採用）〟の枠で採用されたのである。

この時、崔秉大はまだ二十歳になる前だった。

国づくりの基本は子供の教育にある、と彼なりに考え、また、西条小学校時代に肌で感じた辛さと喜びを祖国の子供たちの教育に生かしたいとの使命感にも燃えた。しかし、時間の経過と共に理想と現実のギャップに悩むようになった。それに、鎮海の町の国民学校という器は、彼の活動の場としては余りにも小さく、窮屈だった。

〈もっと広々とした世界で自由に泳ぎまわりたい！〉

かつては、祖国を離れた異国の地で、差別される辛さを味わいながらもリーダーと目されたことのある崔秉大としては、さらに大きく羽ばたきたかった。

そのように悶々としていたある日、転機が訪れた。当時、祖国は「大韓民国」の名の下、独立国として再出発してはいたが、社会はまだまだ混乱の中にあり、太平洋戦争の戦勝国であるアメリカ軍政府の支配下に置かれていた。国内各地には米軍基地があり、そこに兵員や物資を運ぶために、「ＬＳＴ」と呼ばれる軍用船が釜山と九州の佐世保の間を行き来していた。「ＬＳＴ」とは日本語で「戦車揚陸艦」と呼ばれ、戦車、兵員、物資などを搭載し、それらを上陸させるために大きな扉が艦首に設けられていて、上陸のときは艦体のまま着岸する。そのＬＳＴで働かないか、という誘いであった。「英語は大丈夫か？」との質問に、「通常の読み書くらいなら問題ない」と答えた。なにしろ、戦後のどさくさの時代に学んだ英語である。どれくらい実用に役立つか自信は無かったが、今がチャンスだと考えて多少のはったりを利かせた。

結局、国民学校とは一年余りで別れを告げ、希望していた海の上の仕事に就くことになった。やはり、海は広々としていて気持ちが良かった。第一、疲弊した国土の惨めさから解放された。仕事の内容は、輸送物資の管理というやや物足りなさはあったが、贅沢は言えなかった。それよりも、玄界灘をまたいで祖国とかつて少年時代を過ごした日本を結んでいるのだ、という充実感があった。また、これが戦争で活躍した船かと思うと、予科練に憧れたこともあった崔秉大は〝血沸き肉踊る〟のを覚えた。

ところが……。

一九五〇（昭和二五）年六月下旬のある日のこと。それは、釜山を出航して間もない時だった。相棒のKが深刻な顔して、崔秉大の耳元で囁いた。

「おい、大変なことになったぞ！　北がソウルに攻め込んできて戦争が始まったそうだ。そのうち釜山も危なくなるぞ！」

「おい、それは本当か！」

「嘘なもんか。さっきラジオで言っていた。こうなったら韓国に戻っても大変な目に遭うだけだぞ。お前はどうする?」

「どうすると言ったって、思ってもいなかったことだから…」

「オレは決めたんだ。佐世保に着いたらランアウェイ(runaway)するからな」

「ランアウェイって、つまり脱走のことだろう。捕まったらどうするんだ?」

「そうなったら、そうなった時のことだ。お前もオレと一緒にそうしろ! ぐずぐずしてなんかいられないぞ。日本にはだれか知り合いがいるだろう?」

「いることはいるが……」

これは一大決心をすべき時だ、と崔秉大は直感で悟った。

佐世保に到着した二人は何気ない顔つきで係りの米兵に一時上陸のパスを提示し、悠然と船外に出た。

〈さらば、LST! さらば、韓国! だけど、何年か経って落ち着いたら必ず帰って来るからな!〉

相棒は大阪の親戚を頼るとのことだった。先輩格として、「今度会えるのはいつ、どこになるかは分からないが、達者でな。これは、少ないが旅費に使ってくれ」と、クシャクシャになった数枚の紙幣を掴ませてくれた。

崔秉大が向かった先は千葉県の船橋だった。鎮海で教員生活を送っていた頃に親しくしていた家族がそこに移ったと風の便りに聞いていたからだった。鈍行列車で丸二日の逃避行だった。乗り換えのために降り立った東京駅の周囲は物乞いや傷痍軍人がたむろしていた。

〈日本の首都もこうなれば惨めなもんだ！〉

うろ覚えだった住所と苗字を頼りに、ようやくの思いで尋ねるべき人の所にたどり着いた。

「アイゴー、秉大ちゃんじゃないの！　一体どうしたって言うの。急に現れたりなんかして、幽霊かと思ったわよ。それにしても随分立派になって」

「オバサン、ご無沙汰しました。皆さんお変わりありませんか？」

「見ての通りよ。それよりも、秉大ちゃん、ウリナラ（我々の国）は今、大変なことになっているのよ。知ってるでしょ」

「知ってます。だから、今、こうしてここにいるんですよ。オバサン、済みませんが、暫らくの間ご厄介になれませんか？」

「もちろんよ。それに、家の亭主も今、民団のエライさんになっているから、力になってくれると思うよ」

この親切なオバサンの一家は「山本」と通名を使っていた。

突如として起きた朝鮮動乱の見通しが全く分からない以上、日本での逃避生活も長引くことが予想され、いつまでも山本オバサンの親切に甘えることは出来ないと考えた。そこで、オバサンの商売である海産物の販売を手伝うことになった。

翌朝から船橋の魚市場の一角に屋台を出し、頭に鉢巻きを巻き、

「アサリはいかがですか！　採りたての新鮮なアサリですよ！」

と声を張り上げた。当時、崔秉大は身長百八十センチを超える堂々たる身体で、その上、通りすがりの女性の殆んどが振り向くほどの好男子であった（現在のハンマー投げの室伏広治選手を思わせる、なかなかのイケメンであった）。

お陰で商売も繁盛し、手元には多少の貯えも出来た。動乱による特需景気とかで市民生活にも活気が出てきて、人々は娯楽を求めるようになっていた。その風潮に乗り、崔秉大はもっと金になる商売がないかと考え、山本オジサンに相談した結果、その頃流行りだしていた「球ころがし」のゲームを始めることにした。これだと元手はそれほど要

らず、場所も間口、奥行きそれぞれ四、五メートルもあれば十分で、どこかの家の店先を借りてやることが出来た。ただ、「遊技場許可」を取得しなければならなかったが、これもオジサンの口利きで難なく下りた。

「球ころがし」とは、その時代、その時代でいろんなやり方があったが、当時は一種のルーレットのようなものだった。

　これが大当たりし、一日で数万円稼ぐこともあった。大学卒の初任給が一万円にも満たなかった頃のことである。崔秉大は得意になった。若い盛りである。自然と生活が派手になり、稼ぐ分だけ金遣いも荒くなった。ある日、オバサンが心配顔で言った。

「ねえ、秉大ちゃん、この頃随分と景気が良さそうね。若いうちだから大いに働いて、大いに遊ぶのも結構だけど、将来のことも考えないとね。それに、いずれは韓国に帰るんでしょ？　その時のことも考えてやっぱり勉強しておいた方がいいんじゃないの。どう、大学に行ってみては？　うちの人もそう言っているよ」

　親身になって心配してくれるオバサンの親切が身にしみた。実は崔秉大自身、将来の見通しが立たないことに日々焦燥感に駆られ、大学にでも行って新規まき直しを図りたいと考えていたところだった。しかし、もう何年も勉学の世界とは縁遠くなっており、果たして大学の入学試験に受かるか心許なかった。だが、オジサンとオバサンの期待には応えたかった。そこで、明治大学を選び、入学案内を取り寄せて準備を始めた。韓国で通っていた中学校の在学証明書があれば受験資格が得られるとのことで、早速、釜山に住んでいる妹に依頼し、馬山中学校の在学証明書を送ってもらった。

ところが、ここで大きな壁にぶつかった。実は、佐世保港からランアウェイ（runaway-脱走）して以来、崔秉大は偽名を使って生活していたのだ。もうジタバタしても始まらない、と覚悟を決め、船橋市役所に出向いて正直に身分を打ち明けた。当時はそのようなケースが他にも多くあったのだろう、担当職員はそれほど驚く様子もなく、所轄の警察署と入国管理局に連絡を取った。数日後、警察署と入国管理局に出頭し取調べを受けたが、入国管理法違反の罪で留置場送りとなった。しかし、幸いなことに、これから日本の大学に入り、卒業後は韓国に戻って祖国再建のために働くつもりである、という情状が酌量され、大学卒業までの四年間の滞在を許可された。

〈日本のお役所もまんざら石頭ばかりではないな！〉

さあ、これで崔秉大は晴れて「崔秉大」となり、十日間ほどの留置場での〝お勤め〟を終え、受験勉強に取組み始めた。数ヶ月の予備校通いの結果、無事に入学試験をパスすることが出来た。詰襟姿の凛々しい崔秉大を見てオバサンは涙ぐんでくれた。

しかし、彼の心は晴れなかった。祖国ではまだ動乱が終結しておらず、同じ民族が血で血を洗う凄惨な戦いを続けているのだ。しかも、その戦いに命を捧げているのは自分と同じ年代の若者たちである。

〈許してくれ！　これも運命なのだ〉

と、崔秉大は重苦しく迫ってくる思いを振り払うように心の中で大きく叫んだ。

さて、明治大学生となった崔秉大ではあったが、親からの仕送りで生活できるようなご身分ではなく、アルバイトは不可欠だった。そこで、親しくなった大学の友人と始めたのがギターの流しだった。地元の船橋だけでなく、東京の上野まで足を伸ばした。二人とも詰襟を着て、友人がギター、崔秉大が歌を受け持った。彼の歌唱力はなかなかのもので、友人のけっして上手いとは言えないギター演奏をうまくカバーした。お得意の歌は、その頃のヒット曲である春日八郎の「苦手なんだよ（矢野亮・作詞、林伊佐緒・作曲）」だった。

お客さんにせがまれて歌ったよ

遠い故郷の国訛り
歌っているうち恋しくなって
じんと　じんと　じんと　じんと
まぶたが熱くなり
思わず泣けてしまったさ

当時の崔秉大の心境そのものだった。

そうこうしているうちに、贔屓にしてくれる飲み屋やバーも数軒できて来た。その中の一軒には常連の中年カップルがいた。女性の方はいつも派手な和服姿で、見るからに粋筋の人のようだった。

「学生さん、なかなかいい声をしているわね。時々はここに来て聞かせてね」

と言いながら握らせてくれたチップの札の間には白い紙きれが挟まれていた。中を見ると、「気が向いたら電話ちょうだい」と走り書きの文字と電話番号が記されていた。

崔秉大は一瞬、〈これで、副収入が増える！〉と思ったが、西条時代の叔父の事件を思い出し、刃傷沙汰に巻き込まれるのは真っ平だ、と考え直して取り合わないことにした。

当初は詰襟姿が珍しがられ、そこそこの収入があったが、所詮は学生アルバイト。そのうちに客の反応も芳しくなくなってきたので、流し以外の仕事も見つける必要に迫られた。

静岡県御殿場——。

当時の日本を代表する米軍基地の町である。朝鮮動乱の戦場で血みどろになって戦っていた米兵たちが休暇になると押し寄せ、一時の快楽を求めてドルを湯水のように使った。繁華街には米兵の相手をする〝基地の女性〟たちがどぎつい化粧をして嬌声をあげていた。それらの米兵や女性たちを上得意としたかまぼこバーが雨後の筍のように現れ、盛況を極めていた。当然のように、町のチンピラどもがカモを狙ってやって来る。トラブルを起こしたくないかまぼこバーの経営者たちは用心棒を雇う必要に迫られた。腕力に自信があり、血気盛んの崔秉大には恰好のアルバイトであった。当然、チンピラたちとは度々衝突を起こした。

しかし、このような場合、うまく調整の機能が働くようになっているものである。

当時、御殿場の町の裏社会で睨みを利かしていた仁侠の親分がいた。名前をカネミツと言った。用心棒新米の崔秉大は人の紹介を受け、カネミツ親分のところに挨拶に行った。見るからにドスの利いた顔つきで、鼻が歪んでいた（あとで聞いた話によると、若い頃ボクシングをやっていた由）。物怖じしない崔秉大は初対面から気に入られたようで、「オレはお前と同じ国だよ」と打ち明けられた。奥さんは物静かで奇麗な日本人女性だった。

カネミツ親分は、崔秉大と仲間たちが、いずれは韓国に戻り祖国再建のために働きたいと考えていることを知ると大いに関心と共感を示してくれ、

「学生の分際なのに、なかなか感心なことだな。なにか困ったことがあったらオレのところに相談に来い」

と親切に言ってくれた。

その後、チンピラたちとのいざこざは影をひそめたが、その裏で親分が動いてくれたことは明らかだった。

波乱含みの用心棒の仕事にも徐々に慣れてきた頃のことだった。噂によると、カネミツ親分の家では毎週、賭博が行われているとのことだった。以前から一度、実際の博打

を見てみたいと思っていた崔秉大が親分に願い出たところ、あっさりと見学を許された。

　さて、ご開帳の夜。案内された部屋は、映画でよく見た場面と同じ世界だった。中央の席には、背中に見事な入れ墨を彫った男が険悪な目つきで、「丁」、「半」とやっていた。崔秉大は友人と二人でこの男の背後に座り、彼の肩越しに勝負を見守っていた。すると、この男がそれまでとは違った手を使いだしたので、崔秉大は隣の友人に、変じゃないか、と話しかけた。その途端、

「ウルサイッ！　黙れっ！」

と怒声が部屋中に響いた。カッとした崔秉大は、

「黙れとはなんだ！　オレたちは親分の了解をもらっているんだ！」

と応酬した。

「なにおっ！　このガキめが！」

と言うが早いか、男は手元の、布で覆ってあった棒のようなものを手にした。

〈これは、ヤバイ！〉

と感じた崔秉大は友人と二人で部屋を飛び出そうとした。その瞬間、キラリと光が走り、空気がビリっと緊張した。

ほうほうの体で親分の家から逃げ出しホッと息をついた途端、友人が、

「おいっ、大変だぞ！　首筋に血がにじんでいるぞ！」

と叫んだ。崔秉大が言われた場所に手を当て、掌を見ると薄っすらと赤く染まっていた。さらに驚いたことに、上着を脱いだところ、襟の部分から背中の半ばまでが見事にスパーッと切り裂かれていたのである。

それを見た崔秉大の闘争心に火がついた。

「おのれっ、見ておれ！　必ず復讐してやるぞ！」

と叫んだときの彼の形相は凄まじいものがあった。

翌日、成り行きを心配した友人が、カネミツ親分に顛末を報告した。直ちに、崔秉大のところに呼び出しがあった。

「あの男だけは相手にするな。命の保証がないぞ！」

日ごろ世話になっている親分の言うことには従わざるを得なかった。

「それよりも、秉大よ。お前にその気があれば、オレの縄張りを譲ってやってもいいと考えているのだが、どうだ？」

「私は今でこそこんなヤクザな生活を送っていますが、ちゃんと大学を出て、いずれは

韓国に帰り、お国のために働きたいと思っています。これまでのご恩は一生忘れません」
「そうか、お前がそこまで考えているのなら、オレとしてはこれ以上なにも言うまい。それにしても、あれだけの度胸を持っているのになあ。惜しいことだ…」

御殿場での用心棒のアルバイトがこのように進行していた一方、実は、船橋の球ころがしの方も仲間に任せ、細々と続けていたのである。だが、人口が急増する船橋では、競輪、競馬が盛んになりすぎ、市当局がギャンブル性の強い遊びを規制し始めたため、玉ころがしは急激に下火となっていた。

そこで、崔秉大は仲間と相談し、拠点をほかの場所に移すことを検討した結果、隣県のA市が最適の場所と判断された。船橋と比べると東京から離れており、球ころがしに対する規制はほとんど無かった。

こうして、崔秉大の仕事は御殿場とA市の二か所に重点が置かれることになり、この二地点を頻繁に行き来するようになった。

そして、彼の人生における運命的な出会いの時がそこまで来ていた。

一九五五（昭和三十）年秋、崔秉大はA市にいた。球ころがしのアルバイトも順調に進んでいたので、ある日曜日、息抜きに仲間数人と近くの湖に遊びに行った。市民の憩いの場であるこの湖は多くの人で賑わっており、数人の若い女性のグループもいくつかあった。

その中に一際賑やかなグループがあった。そこに目をやった崔秉大はハッとなった。ひとり、何とも言えない雰囲気の女性がいたからだ。

〈こういう女性を大和なでしこと言うのだろう〉

崔秉大は、同じ年恰好から釜山に残してきた妹を思い出し、急に肉親の情が溢れてくるのを覚えた。仲間と一緒という群集心理も手伝い、彼はその女性に話しかけた。彼女は賑やかなグループにあっても特に快活だった。

彼女の名は「明子（仮名）」と言った。快活なだけに明子は崔秉大のアプローチにも積極的に応じ、初対面にもかかわらず話が弾んだ。次のデートの約束もごく自然に交わされた。

この時、崔秉大は明子を遊び慣れている女性だな、との印象を持った。

〈それなら、こちらも気軽に付き合えるな〉

と考えた彼は頻繁に彼女を誘うようになった。都会に憧れていた明子は東京の大学生との交際に有頂天となった。直情径行型の崔秉大も同じことなら彼女と一緒になることを考えた。

　最初は彼の強引さに戸惑っていた明子だったが、その強引さが頼もしくも嬉しくもあった。今まで知らなかった世界にグイグイ引き込まれて行くように感じた。

　結局、彼女は家出同然の形で親元を離れ、彼と同棲するようになった。しかし、この時、崔秉大は明子の一途さに気付き、〈適当にやれるだろう〉といった安易な考えは間違っていたことを悟った。積極的で意外と度胸がある女性だと思っていた明子が、実際は世慣れていない箱入り娘であることを知り、責任を感じたのだ。

　明子と相談の結果、崔秉大は正式に結婚の承諾を求めるため彼女の両親に会いに行くことを決心した。ただ、自分の身分をどのように明かすかが悩ましい問題だった。終戦からまだそれほど経っていない頃のことである。かつて植民地として支配した国に対する偏見が多く残っているのは当然のことだった。

「おい、朝鮮人。にんにく臭いぞ！」

「お前のような乱暴者はさっさと半島に帰れ！」

　いまだ崔秉大の脳裡には、あの小学校時代の苦い思い出がこびりついており、彼は厳しい拒絶に遭うことを覚悟していた。

「お前たち二人が信頼し合って、よくよく相談した上でのことだろうから、私は特に反対はしない。崔君、どうか、私らの娘を幸せにしてやってほしい」

明子の父親は静かにそう言った。傍らの母親も穏やかな笑みを浮かべて、

「崔さん、どうぞよろしくお願い申しますね」

と言った。崔秉大は両親の予想外の言葉に感動し、言葉を失った。畳に両手を突き、深く頭を下げるのみだった。

戦前から戦時中にかけて、明子の家の周辺には多くの朝鮮人が住んでいた。彼らの多くは貧しい労働者で、恵まれない環境の中で気の毒な生活を送っていた。そんな彼らに対して明子の父親はいたわりの目を持っていた。食料を分け与えたり、相談事に乗ってやったり、物心両面にわたって助けてやっていたのだ。

さて、二人の新しい生活が始まった。またしても、船橋の山本のオジサンとオバサンの世話になることになり、山本家の離れを新居とした。質素な暮らしだったが、両親に温かく見守られる中、夫の愛情にも包まれ、明子は幸せだった。

一方、崔秉大の方も、明子の両親が寛大な気持ちを示してくれたこと、特に、義父が

自分の同胞に思い遣りの気持ちを持ってくれていたことに感謝した。新妻となった明子もかいがいしく尽くしてくれる。そのひたむきさに応えるためにも、と崔秉大はますます仕事と学業に精を出した。

　やがて、自然の流れの中で明子が妊娠した。

　崔秉大は困惑した。明子は当然産みたがった。しかし、彼は賛成しなかった。

「明子、聞いてくれ。オレはまだ学生の身分なのだ。それに、稼がなければならない。この上、子供を養うことは到底無理だ。生活が安定すれば、またチャンスもあるだろう。今回はどうか諦めてくれ。頼む」

　懇願する彼に逆らえず、中絶の道を選ぶしかなかった。最終的には結婚を認めてくれた明子の両親ではあったが、今度ばかりは相談することは出来なかった。またまた、山本オバサンを頼ることになった。

「オバサン、どうやら明子に子供が出来たらしいんです。でも、今の僕には養う力がありません。明子には悪いんですが、子供を堕ろさせることにしました。どこか処置してくれるところをご存知ないですか？」

「そりゃ大変だねー。私がいいお医者さんを知っているから紹介してあげるよ」

と、オバサンは一枚の紙切れを渡してくれた。そこに記されてあった住所を頼りに訪ねた場所は一軒の開業医だった。

一応、中絶の処置は終わり、明子は自宅に戻り静養した。しかし、異変が起きた。数日経っても出血が止まらないのだ。こぶし大の血の塊がドロッと出てきて、その中には肉の一部分のようなものも混じっていた。慌てた崔秉大は明子を背負って別の病院に連れて行った。それでも病状は回復せず、明子は目に見えて衰弱して行った。こうなった以上、明子の実家に頼るしか方法は無かった。驚いて駆けつけた母親は瀕死の娘を目の当たりにして気を失わんばかりだった。すぐさま、A市の大きな病院に運び込まれて診てもらったところ、事態はかなり切迫しており、直ちに子宮を取り除かなければ命を失うとのことだった。担当医は権威ある先生だったので、すべてを任せることにした。医療チームの懸命の処置のお陰で、幸い一命は取り止めた。一ヶ月以上の入院治療でどうにか明子の身体は退院できるまでになったが、もう元の身体ではなかった。

崔秉大は後悔の念に苛まれ、明子に対してはもちろんのこと、実家の両親にも顔向けが出来なかった。そのような彼の心情を理解していた明子は努めて陽気に振舞った。実際のところ、彼女の気力はしっかりしており、〈これから先はまだ長いし、そのうちちいいこともあると思うわ〉と、それほどの喪失感は覚えなかった。それが、崔秉大にとってはせめてもの救いだった。

ところが――。

〈一難去ってまた一難、とはこのことだ！〉

と、崔秉大はやりきれない気持ちだった。

ようやく明子の健康が戻ってきて、これで一安心と思ったのもつかの間、釜山の義理の叔母から電話が入った。当時、国際電話とはただ事ではない。

やはり――。それは父親の訃報だった。

長女と妻に先立たれた上、頼りの長男にまで見放されたのも同然の状態だった父親の崔福守は、長い間わが身の不幸をかこっていた。その状況を見かねた親戚は再婚を強く勧めた。崔福守もそれに従い、後妻を迎えた。

最初の頃は円滑だった家族関係もやがてギクシャクし始め、妹が家出した。そして、後に残った弟が継母のいびりの対象となった。おとなしい性格の父親の崔福守は二度目の妻と次男の板ばさみとなって神経をすり減らし、過度のストレスによる胃腸障害を来たした。それが死の直接の原因だった。

受話器を握り締めながら、崔秉大は声を絞り出した。

「叔母さん、どうか妹と弟をよろしくお願いします。僕も大学を卒業したら直ちに帰国するようにしますから。どうか、どうか、二人をよろしくお願いします」

通話の後、彼はしばらくぼんやりとしていた。

学者肌でいつも物静かだった父。広島の西条小学校時代、息子が日本人の子供たちに負けないようにと、何一つ不自由なく勉強させてくれた父。民族の壁に阻まれ、念願の広島一中の受験を諦めざるを得なかったとき一緒に悔し涙を流してくれた父。中学を終えて社会に出ようとした際、教育の道に進むよう希望した父。しかし、崔秉大はそれを中途で断念し、動乱騒ぎの中を密出国のような形で国を出て行き、随分と心配を掛けた。戦後の不安定な日本で苦労しながら生活を送り、一念発起して大学に入り、いずれ帰国して祖国再建のために尽くそうと心に決めていた時だけに、父の訃報はショックだった。崔秉大は死に水を取れなかった親不孝を詫びた。


そうこうしているうちに大学卒業の時期が迫って来た。アルバイトに明け暮れ、その間、明子との出会いから彼女の闘病、そして父親の死と次から次へと起こる出来事で大学の勉強がおろそかになるのも無理からぬことだった。当然、卒業に必要な単位の数が不足していた。このまま行けば絶対に単位は取れないという科目が二つあった。そこで、崔秉大は二人の担当教授のところに〝挨拶〟に行くことにした。最初の教授はウイスキーが大好きとのことだったので、御殿場のかまぼこバーのルートを通じて上等の品を手に入れ、持参した。

「先生、私はいよいよ来年、韓国に戻ることになりました。帰国したら、韓国と日本の架け橋になれるような仕事に就きたいと考えています。そのためには、なんとしてでも大学を卒業しなければならないのです。どうか、よろしくご指導のほどをお願いします」

「おお、そうか、日韓の架け橋ね。それは、なかなかいい心掛けだな。精々頑張りたまえ」

「つきましては、これはこれまでお世話になりましたほんのお礼の気持ちです。どうかお受け取りください」

「なに、君。こんな高価なもの、学生の身分でよく手に入ったな。そうかそうか、折角の好意だから遠慮なく頂戴するか。しかし、崔君、なんだぞ。僕は試験に手心を加えたりはせんからな」

「もちろんです。私もそんなつもりでお持ちしたのではありません」

「うん、それならいいがな。じゃ、君の今後の健闘を祈っているよ」

「はい、有難うございます」

　崔秉大は教授の目から視線を外さず静かに頭を下げた。

　二人目の教授は日本酒に目がないとのことだった。最初の教授のときと同じように、丁重に挨拶をして辞去した崔秉大は、さあ、後は運を天に任せるだけだ、と思った。

　果たせるかな、試験の出来具合はさておき、無事に二科目ともパスし、崔秉大は晴れて卒業証書を手にすることが出来た。時代も時代だったが、おおらかな学風の明治大学で過ごせたのは生涯の財産だと今もって崔秉大は母校に感謝している。


　ところで、その頃、兄思いの釜山の妹からは頻繁に帰国を促す手紙が来るようになっていた。母親の死後、妹はたった一人の兄のことをいろいろ案じ、母親の代わりを勤めてくれていた。

「兄さん、大学も無事に卒業されたそうですから、そろそろ帰国することをお考えになってはいかがですか？　兄さんももう間もなく三十歳ですね。三十を過ぎるとなかなかいい相手が見つかりませんよ。それに就職という大事なことがありますね。今なら叔父さんも国会議員だし、力になってくださると思います。動乱も終わり、国の中も少しずつ落ち着きを取り戻し始めています。今が帰国するのに絶好の時期だと思います」

崔秉大は妹の手紙に接して、そろそろ年貢の納め時かなと考えた。問題は、明子にどのように説明するかだった。

「私はあなたを信じています。韓国での生活が落ち着いたら呼び寄せてください。その日の来るまで私は待っています」

明子は多くを語らなかった。

「秉大君、韓国に帰って祖国のために頑張れ。君が人を裏切るような人間でないことを私たちは信じている」

明子の父親も崔秉大に対する全幅の信頼を示した。

この時、崔秉大は、自分は今、祖国を背負っているのだと感じた。

明子が中絶手術の後の療養で長くA市の実家で静養した時、崔秉大も一週間ほど彼女の実家で世話になった。その時に接した人々はみな善良な人たちだった。

当時、戦後十数年を経ていたが、世の中はまだ十分に安定しておらず、「小松川女高生殺人事件」（一九五八（昭和三三）年に東京の江戸川区で起きた事件）など在日韓国・朝鮮人による暗い事件が相次ぎ、彼らに対する日本社会の目は厳しく、冷たかった。
「朝鮮人は信用できない！」
そんな罵声が聞こえてくるようだった。
しかし、明子と崔秉大の二人を囲む日本の人たちは素朴で優しく、親切にしてくれた。
〈あの人たちの信頼を裏切るようなことは絶対に出来ない！〉
崔秉大は心に固く誓った。

一九五九（昭和三四）年二月、崔秉大は九年振りに二度目の帰国を果たした。

第三章　韓国での再スタート

真冬の玄界灘は荒れに荒れ、みぞれ交じりの雨が降りしきっていた。日韓の歴史の上で幾多のドラマが繰り広げられた玄界灘。その上を荒波に翻弄されながら、僅か二五〇トンの日韓定期船は韓国を目指した。

釜山港に近づくにつれ、出奔して以来常に崔秉大の心の中に滓のようにわだかまっていた悔恨の念がまたしても襲ってきた。

〈オレは自分の祖国が塗炭の苦しみを味わっているときに、同胞や肉親を見捨てて日本に逃れていたのだ〉

九年振りに見る釜山の町は復興の兆しは感じられたが、動乱の影響もあってか、まだまだ立ち遅れが目立った。それはあたかも、祖国再建に向けての使命感と良心の痛みとが入り交った崔秉大の心情を反映しているかのようだった。

「兄さん、お帰りなさい。でも、どうしてもっと早く帰ってきてくださらなかったのですか。お父さんも亡くなった後、私、一人で本当に心細くて、寂しくて…」

出迎えてくれた妹は嬉しさと恨みの気持ちを抑えきれず、泣きじゃくりながら両方のこぶしで兄の胸を叩いた。久し振りに感じる肉親の温かさだった。

さて、祖国での生活が再スタートした。すでに両親が他界していた崔秉大には住む所が無かったので、当分の間は妹の家に居候させてもらうことになった。ここぞとばかり、親代わりを自任する妹の攻勢が始まった。

「兄さん、前からも言っているように、就職のこと、叔父さんにお願いしてみては?」

叔父とは、母親の二人の弟の上の方で、当時、国会議員を務めていた。しかも、李承晩政権の与党（自由党）の有力議員であったから多方面に影響力があった。崔秉大は帰国の挨拶を兼ねてソウルの叔父を訪ねることにした。

「叔父さん、どうもご無沙汰しました。僕もこれからは腰を落ち着けたいと考えていますので、どうぞよろしくお願いします」

「随分長かったな。妹が大分心配しておったぞ。先ずは就職、そして結婚だな。ところで、お前はどういう仕事を希望しているんだ？」

「やはり日本での経験を生かせる仕事に就きたいと思っています」

「また日本か。しかし、日本とはまだ国交が回復していないからな。適当な仕事があるかな」

「そこなんです。国交回復に向けて現在、東京には駐日代表部がありますが、僕はそこに勤務出来ればと思っています」

「うむ。ま、お前はちゃんとした日本の大学も出ているしな。適任といえば適任だな。よし、分かった。わしが外務部のしかるべき人間に話をしておこう。

それよりも、お前、早く結婚相手を見つけろ。駐日代表部に勤務することにでもなれば外交官だからな。外交官がチョンガーじゃ恰好が悪いぞ」

釜山に戻り、ソウルでの様子を話したところ、妹は非常に喜んでくれた。それからというもの、妹は次から次へと縁談を持ち込んできた。その多くは有名女子大卒の才媛や良家の令嬢で、結構な話ばかりだった。崔秉大は叔父の手前もあり、何人かとの見合いには応じたが、実のところ彼の頭の中は明子のことで一杯だった。横で見ている妹のイライラは募るばかりだった。

「兄さん、一体どうしたと言うんですか。こんなにいいお話ばかりなのに、どれもこれも断るなんて。ひょっとして兄さんには好きな人でもいるのですか？」

「……」

「私の身にもなってくださいよ。お相手は話を進めたいとおっしゃっているんですよ。それに、叔父さんにもご報告しなくてはならないじゃありませんか」

「実はな、……」

　ことここに至って、崔秉大はすべてを話さなければならないと覚悟した。

「まあー、そういうことだったのですか。それならそうと最初から話してくだされば良かったのに……。それじゃ、その方を呼び寄せたらいいじゃありませんか」

「お前、そう簡単に言うけど、呼び寄せるにはちゃんと籍にも入れなくちゃならないんだぞ。今は日本との国交が無いから、そうとう面倒なことになるだろうな。それに、親戚筋がなんと言うかな」

「それこそ、叔父さんにお願いしてみてはどうなんですか。親戚の方は私が説得してあげますよ。とにかく一生の問題なのですから急がないと」

　さすがに親代わりだけあって妹の行動は迅速でテキパキしていた。

しかし、案の定、周囲の反応は予想以上に厳しかったが、最後には叔父が助け舟を出してくれた。

「本人の気持ちがそうなら仕方が無いじゃないか。それに、ウリナラ（我が国）も変わらなくてはのぉー」

この叔父の一言のお陰で無事に明子の入籍を済ませることが出来、さあ、後は彼女を迎える準備を整えるだけだった。

日本勤務の可能性が実現しそうになった上、明子も来てくれる！　崔秉大は久し振りに明るい気持ちになり、期待に胸を膨らませた。

一九五九（昭和三四）年春、とうとう明子が崔秉大と同じように二二五〇トンの日韓定期船の「男島丸」に乗って単身、釜山にやってきた。

船から降りてくる乗客は誰も彼もその日その日を懸命に生きているといった風情で、晴れがましい人など皆無だった。その中でただ一人、明子だけが華やかな雰囲気を漂わせて桟橋を降りてきた。荒れ野に咲く一輪のバラのようだった。崔秉大は誇らしかった。

〈よくぞ、本当によくぞ来てくれた！〉

すぐにも駆け寄って抱きしめてやりたかったが、軍の幹部をしている妹の主人が傍らにいたため、ままならなかった。日頃、真面目一本やりで読書に耽っている義弟だったが、この日ばかりは義兄の奥さんがはるばる日本からやって来るというので、部下にジープを運転させて出迎えに来てくれたのである。

この時期、日本人女性が一人でわざわざ韓国の男性を訪ねてくるというのは考えられないことだった。地元の新聞にも大きく取り上げられたが、記事は反日感情から来るものではなく、このご時世によくぞ、という驚きと半ば賞賛の感情がこもった内容だった。崔秉大と明子は地元の受け止め方に安堵した。

しかし、いざ生活を始めてみると事情は大分違った。明子が一人で歩いていると、近所の子供たちが、「チョッパリ（日本人に対する侮蔑の呼び方）、チョッパリ！」と悪態をつきながら石を投げてきた。覚悟の上ではあったが、厳しい現実を思い知らされる気持ちだった。

ある日、崔秉大と明子がバスに乗っていた時のこと。背後から声がかかった。

「あなた方は日本人ですか？」

明子はギクッとなった。日本語を話しているのを咎められたのかと思ったからだ。二人が振り向くと、案に相違して声の主は立派な身なりをした中年の紳士だった。

「いえ、私は韓国人ですが、妻の方は日本人です。なにか？」

「そうですか。実は私の家内も日本人なのです。いかがですか、私の家は次の停留所のすぐ近くにありますので、少しお立ち寄りになりませんか。家内が喜ぶと思います」

突然の訪問にもかかわらず夫人は大喜びで迎え入れてくれた。彼女はクラ子と言い、同じ境遇から明子と知り合いになれたことを殊のほか喜んでくれた。その後、二人は〝同病相憐れむ〟の気持ちから急速に親しくなり、頻繁に行き来するようになった。クラ子の夫は大きな会社の経営者で、小さな男の子が二人おり、裕福な家庭だった。その頃の明子にとってクラ子の存在はかけがえのないものだった。

こうして、困難が予想された明子の韓国での生活にも希望が持てるようになったかと思われた矢先のことだった。

一九六〇（昭和三五）年四月十九日、李承晩大統領の独裁に反対する学生デモによって李承晩政権が倒されてしまったのである。与党の有力議員であった崔秉大の叔父の家もデモ隊の焼き討ちに遭い、叔父は命からがらソウルを離れざるを得なかった。

そのため、崔秉大の就職のことなど何処かに吹っ飛んでしまい、駐日代表部に赴任することを夢見ていた彼は失意のどん底に突き落とされてしまった。こうして、崔秉大の就職は振り出しに戻ってしまった。

　心の晴れない日々を送っていたある日、明子が突然言った。

「私、美容院をやってみようと思うの。ここのパーマネントの技術は日本に比べると大分遅れているようだから、日本のやり方を採り入れれば流行ると思うわ。あなたはお店の名前を考えてちょうだい」

　崔秉大は明子の思いつきに少なからず感心した。早速、若い美容師を二人雇った。明子自身は技術を持っていたわけではなかったが、日本から持参した婦人雑誌などを見ながら、二人の従業員にアドバイスをした。〝日本の美容技術〟が評判となり、結構お客が来るようになった。

　店の名前は、崔秉大の考えで「トンギョン」とした。すると、早速、地元の同業者組合からクレームがついた。

「日本の名前を付けるのは困りますなあ」

「どうしてですか？　トンギョンは〝東京〟とも取れますが、うちの場合は〝憧憬〟を意味しているんですよ。どうですか、綺麗になりたいと願っている女性たちにアピールするいい名前でしょう」

組合の代表はしぶしぶ引き下がるしかなかった。

評判が評判を呼び、「トンギョン」は大いに繁盛した。よく来てくれるお客の中に一人、三十代半ばの上品な女性がいた。明子は彼女の気品と知的雰囲気に惹かれた。聞くところによると、かなり高位にある軍人の奥さんとのことだった。

明子の思いつきで始めた商売は順調だった。生活も安定し始め、崔秉大は文字通り〝髪結いの亭主〟の座に安住しかけていた。

そして、一九六一（昭和三六）年五月一六日、朴正熙陸軍少将による軍事クーデターが起きた。連日、新聞は朴陸軍少将の写真を入れて大きく報道した。

「アラッ、私、この人を何度か見たことがあるっ！」

と明子が素っ頓狂な声を上げた。崔秉大が記事に目を通すと、なんと朴少将は最近まで釜山軍需基地司令部司令官だった。明子は、朴司令官がジープに乗って店の前を通るのをよく見かけたのだった。その数日後、新聞の写真を見てまたしても明子が叫んだ。

「まあー、あの方が朴将軍の奥さんだったのね！」

李承晩が失脚してから僅か一年余りで韓国はさらに激動の時代を迎えようとしていた。

一方、崔秉大の失業時代は相変わらず続いており、焦燥の日々であった。「トンギョン」の方は繁盛を続けていたが、残念ながらある事情で閉店することになった。その理由は二つあった。

一つは、一人の従業員が練炭の一酸化炭素中毒で危うく命を落しかけるという事件が起こった。当時、釜山の美容院の器具は遅れており、練炭でコテに熱を加えていたのだが、それが原因だった。もう一つは、ささいなことから崔秉大と明子が夫婦喧嘩をやり、カッとなった彼が物を投げつけたところ、店の鏡を壊してしまった。美容院にとって鏡はもっとも大切な設備である。この二つの連続事件で明子は意気消沈してしまい、あっさりと廃業を決めてしまった。

ささいな夫婦喧嘩の原因は、やはり、崔秉大が定職に就けず日々鬱々としていたことにあったのだろう。明子はなんとかしなくてはいけないと思った。そして、ふと思いついたのである。

〈そうだ、朴将軍に手紙を書こう!〉

相談を受けた崔秉大は余りの突飛さに呆れ、

「馬鹿も休み休みに言え!」

と一笑に付した。

しかし、明子は決行した。

「拝啓　朴正煕・国家再建最高会議議長　様
この度の革命のご成功を心からお慶び申し上げます」

に始まり、夫が現在失業中であるので就職のお世話を願いたい、また、自分は日本人であるので自由に里帰りできるようにしてほしい旨を綿々と綴った手紙を投函した。

果たして、予想に反して返事が返って来たのである。曰く
「国家再建最高会議議長は只今公務ご多忙につき本官が代理でお返事申し上げる。就職をご希望の由、具体的にどのような仕事を希望されているのかをお聞きしたく、一度ソウルにお出まし願いたい」

差出人の名前は「金在春」となっていた。崔秉大は狐に包まれたような気がしたが、明子は得意満面だった。

「ほら、ご覧なさい。善は急げ、よ。ソウルに行っていらっしゃい」

日本女性からの手紙だったことが、功を奏した理由だったのかもしれなかった。数日後、指定された場所に出向いた崔秉大の前に現れたのはでっぷりと貫禄のある軍人だっ

た。

「貴殿が崔秉大さんですか。私は貴殿の奥さんからの手紙に返事を差し上げた金在春です。現在は首都警備司令官をしています。実は、きょうは人事異動の業務で多忙を極めています。恐縮ですが、あさってもう一度ご足労いただきたい」

ということで、崔秉大は二日後に出直し、再び金在春なる人物と相対した。

「実は、今度の人事異動で私は陸軍保安司令部（CIC）の司令官に発令されました。貴殿の採用についてはいろいろ検討したいが、きょうは取りあえず私の家に来て、泊まって行ってください」

　CIC司令官と言えば大変な権力者である。そのような人物が、これまでなんの縁もゆかりもなかった崔秉大に自分の家に来いと言う。崔秉大は予想外の展開に戸惑ったが、千載一遇のチャンスとばかりに金司令官の言うことに従った。

　司令官の自宅では丁重にもてなされ、一部屋をあてがわれた。夫人が挨拶に出てきた。

「この方は崔秉大さんとおっしゃって、日本の明治大学という立派な大学を卒業された。今度、CICで勤務してもらうことになり、落ち着くまでしばらくは我が家に滞在していただくので、そのつもりで」

翌日、金司令官は人事担当の大佐を呼び、崔秉大の処遇を検討するよう指示した。その結果、「文官三級」がその時点において彼に与え得る最上の待遇という判断に落ち着き、早速、三ヶ月間、情報学校で訓練を受けることになった。宿舎が決まるまでの約十日間は金司令官の家で引き続き世話になった。

〈なぜこのような厚遇を受けるのだろう？　ひょっとして、叔父がかつて李承晩政権時代の与党の有力国会議員だったことが、その理由なのだろうか？　いや、いや、そんなことはない。叔父は倒された政権側の人間だったのだ〉

崔秉大はよく分からなかった。

さて、訓練期間も終わり、ＣＩＣ職員としての勤務が始まった。ＣＩＣの業務とは、一口に言って〝情報収集〟ということであった。それも、北朝鮮の工作活動を防止し、共産主義を阻止するためのもので、平たく言えば特務機関の仕事であった。

間もなくして崔秉大は、情報活動を行うには人脈がなによりも大切であることに気付き、殆んど知人のいないソウルではこの任務は遂行できないと判断した。そして、金司令官に釜山への配置転換を願い出た。

釜山であれば馬山中学時代の友人もおり、それなりの人脈があったからではあったが、それもさることながら、明子とはやはり馴染みのある釜山で暮らしたかった。

「そうか、君にはいつまでも私の近くで働いてもらいたかったのだが、本人の希望がそうであるのなら仕方あるまい。しかし、残念なことだなぁ」

予想外に金司令官はすんなりと配置転換を認めてくれた。崔秉大は内心ほっとしたが、金司令官の好意と期待に応えられなかったことに若干の悔いが残った。このとき、崔秉大は以前にも似たようなことがあった気がした。なんだったかなと思いを巡らしてみて、あっ、そうかと思い出した。御殿場時代、任侠の親分に見込まれ、自分の跡を継がないかと勧められたことだった。

因みに、このときのCIC司令官、金在春は後に第三代韓国中央情報部（KCIA）長官を務めた人物である。


さて、崔秉大の釜山での勤務生活が始まった。しかし、情報機関の仕事は通常のサラリーマンのような生活は望めなかった。殊に、配属された「五〇一部隊」は防諜部隊で、昼も夜もなく、深夜帰宅は日常茶飯事であった。

ようやく安定した生活が送れるかと期待していた明子の失望は大きかった。さらに彼女を精神的に追い詰めたのは周囲の人間の圧迫であった。

　崔秉大は長男だったので、当然のようにして親戚筋から跡継ぎの誕生が期待された。もともと、明子が日本人であることに対する反感があったところに、彼女が子供の産めない身体であることを知った彼らの態度は厳しさを増した。

「韓国語もできない日本人を嫁にもらって来て、どういう風に生活させるというんだ！」

「子供を産めない女じゃどうしようもないじゃないか！」

「秉大は跡継ぎのことを一体どう考えているんだ！」

　明子は、儒教の影響が強く残る韓国社会には自分の居場所は無いのだと感じた。そのうちに自分は日本に帰ることになるのではないだろうか、そんな予感がした。いまさらながら、子供が出来ない自分の身体を恨んだ。安定した家庭と子供に恵まれたクラ子が羨ましかった。孤独感が日増しに強くなっていた。

　ある日、彼女は思い切って崔秉大に話をした。

「私、養女をもらおうと思うの。子供がいれば毎日の生活にも張りが出てくるわ。正直言うと、あなたがお仕事で家を空けることが多くて、とても寂しいんです」

　明子をそのような気持ちにさせた大半の責任は自分にある、と分かっているだけに崔秉大は反対することは出来なかった。明子はクラ子から養子縁組を行なう施設の存在を聞かされていた。決心した明子は彼女に同行してもらい、その施設を訪れ申込みの手続きを行なった。

一九六一（昭和三六）年のある日、家族がひとり増えた。それは、人形のように可愛い女の赤ん坊だった。明子は新しい分身にどのような名前を付けようかと考えた末、韓国を代表する古都、慶州にちなんで、「慶子（仮名）」と命名した。韓国式に「キョンジャ」とも呼べた。

実の子として育て上げることを覚悟していた明子にとって慶子は、事情が事情だけに、時として血を分けた子供以上にいとおしく感じることがあった。予想通り、日々の生活が充実して来た。

しかし、崔秉大にとっては同じようなわけには行かなかった。生後僅か数ヶ月だった慶子はよく夜泣きした。仕事で夜遅く帰って来る彼に赤ん坊の夜泣きは応えた。癇癪を起して、「返してしまえ！」と怒鳴ることも度々であった。そんな時、明子はそっと慶子を抱きかかえ、表に出て泣き止むまであやした。床の中で崔秉大は良心の痛むのを覚え、二人に詫びた。

その後、そのような生活が二年余り続いた。慶子を養女にしたことによって全てが良くなるかと期待した明子だったが、その間、状況は余り変わりなかった。いや、むしろ韓国が嫌になることの方が多かった。

ある時、買い物の帰りにバス停で盗難に遭った。若い男に買い物袋から財布を盗まれたのだった。思わず日本語で「助けてー」と叫んでしまった。そうしたところ、周囲の人間たちは逃げ出す泥棒を追いかけようともせず、突然日本語で叫んだ明子の方を胡散臭げに見つめるだけだった。駆け込んだ近くの交番でも冷たくあしらわれ、逆にしつこく身分を尋ねられた。

魚市場で夕食のおかずに刺身を買おうとしたところ、店の主人は不潔な手を洗おうともせずに注文の品を汚れた新聞紙に包んだ。肉屋では中年女性の店員が手の甲で鼻水を拭っていた。露店の八百屋の野菜は真っ白にほこりを被っていた。

崔秉大が二週間ほどのソウル出張から戻ってきた時のことだった。長距離電話の通話状態が悪かったので、とうとう一度も明子に電話することが出来なかった。帰宅したときの彼女の様子は青白く、まるで別人のようだった。初めて会った時のあの明るくてみずみずしい姿はどこにも無かった。

「私、もう疲れ果てました。東方儀礼の国なんて言いながら、礼儀をわきまえている人なんて誰もいないじゃないですか。なんでこんな国に住まなきゃいけないんですか？」

実はこの時、崔秉大自身も仕事上の葛藤で苦しみ、心身ともにクタクタになっていたのだった。その頃の韓国はいまだに朝鮮動乱の傷跡が残っている殺伐とした社会で、弾圧と密告が横行していた。

「腹が立つことがあってオレに八つ当たりするのはいいが、君がオレの国の悪口を言うのは我慢がならない。君も今はこの国の人間になっているのだろう」

「あなた、私と一緒に日本に帰りましょう。私、帰りたいわ。もし、どうしても帰れないんだったら、今回は慶子とだけでも帰らせてください」

「オレにはパスポートが下りないことは君も知っているだろう。そんなに帰りたいのなら、勝手にすればいいじゃないか！」

崔秉大はこんなに感情的になった明子を見るのは初めてだった。しかし、いつかはこういう日も来るだろうと予想はしていた。そして、いずれは結婚生活に終止符を打たなければならなくなる時が訪れるのだろうと改めて思った。

崔秉大は、明子が追い詰められた気持ちからこのように言ってきたことを十分に理解しながらも淋しさを拭えず、冷淡に突き放してしまった。

数日後、明子は慶子と二人で日本に向かった。暫らくは静岡に住む明子の妹の家で厄介になるとのことだった。

〈これでオレたちも別れ別れになってしまうのだろうか〉

崔秉大はそんな予感がした。

しかし、明子は慶子とともに釜山に戻ってきた。ほんの一ヶ月ほど見ない間に慶子はすっかり大きくなり、愛くるしい女の子に成長していた。崔秉大に初めて慶子をいとおしく思う感情が湧いて来た。

だが、来るべき時が来たようだった。

「あなた、私、日本でじっくりと考えてきました。やっぱり私は日本に戻ります。でも、これは、なにもあなたが嫌いになったからではありません。あなたに対する愛情は今でも変わりません。あなたが私を愛してくださり、今でも愛してくださっていることも分かっています。特に、あなたが私との約束を守り、私を韓国に呼び寄せてくださったことが、この時代にどれほど大変なことだったかも私なりに理解しているつもりです。でも、愛情だけではどうにもならないことも分かったのです。

この国は私のような境遇の女が住めるほど成熟しているようには思われません。男尊女卑の風潮が強く残る土地柄で生きて行くのはとても辛いことです。私が辛い思いをしているのを見るのはあなたにとっても辛いはずです。私がここに残れば私たち二人とも幸せにはなれません。

あなたはやっぱりここで韓国の人と結婚し、子供を作って崔家を守って行ってください。そうするのがあなたにとって最善の道だと思います。そうすれば、あなたの周囲の人たちもみんな喜ぶでしょう。

私のことは心配しないで下さい。私はあなたとの愛の形見として慶子を連れて帰り、私の子供として立派に育てます。

このような形で別れることになりましたが、私はあなたと巡り会ったことをけっして後悔はしていません。それどころか本当に幸せだったと思っていますし、短い期間でしたが、あなたと一緒になれたことを誇りに思っています」

崔秉大は今さらながら、かけがえのない女性を失うことの辛さを思い知らされた。

一九六三（昭和三八）年春、明子は幼い慶子の手を引き、もと来た玄界灘を引き返して行った。

ここで、帰国後の明子と慶子について簡単に触れておきたい。

さすがにA市の実家には戻れないと考えた明子は、再び静岡の妹の家に身を寄せることになった。しかし、母娘二人の生活がかかっていた。暫らくの間、慶子は両親に引き取ってもらい、自分は体力の許す限り働く覚悟を決めた。

その頃、日本も国民生活に少しずつ余裕が出てきており、女性の和服の需要が高まっていた。そこに目を付け、明子は和裁を覚えようと同時に二人の先生について短期間で一通りのことを学んだ。後は実践だった。幸い注文はいくらでもあり、明子は昼夜を問わずしゃにむに働いた。お陰で収入は十分に得られ、慶子の養育費は賄うことが出来た。

慶子は祖父母の愛情を一身に受け、すくすくと成長して行った。特に、祖父となった明子の父親は慶子の境遇を不憫に思い、実の孫以上に慈しみ育てた。七五三のお祝いには、近所の子供の誰にも負けないくらいに着飾らせた。

慶子が小学校に上がったのを機に、仕事も軌道に乗ってきたこともあって、明子は彼女を自分の手で育てることにした。世間から、慶子が養女と後ろ指を指されるようなことだけはさせたくなかった。

彼女が小学校六年生の時だった。社会科の時間で古代朝鮮の歴史を学んでいた際、担任教師が生徒たちに何かの質問をした。しかし、誰も答えることが出来なかった。すると、その教師は慶子に向かって、

「キミの国のことだよ」

と言った。一瞬、教室は静まり返った。しかし、慶子は何のことか分からず、ただポカンとしていた。

その夜、慶子は明子に昼間の出来事を話した。明子は説明に窮し、その場は適当にごまかしておいた。

数日後、担任教師の家庭訪問が行なわれた際、明子は抗議した。担任教師に悪気は無かったのか、彼は自分が発した一言がどれだけ一人の子供に深刻なショックを与えたのか、よく分かっていないようだった。

それ以来、慶子は自分の出生について疑念を抱くようになり、それが常に心のわだかまりとなっていた。

中学一年に進級した時に追い討ちをかけるようなことが起きた。隣のクラスの女子生

徒が校舎内の下駄箱の前でたまたま慶子と二人きりになった時、おもむろに話しかけてきた。

「あなた、朝鮮人なんだって?」

その女子生徒は別の小学校出身だった。その時、慶子は、自分はなにかこの世に存在してはいけない人間なのだろうかという気持ちにさせられた。小学校時代に抱いた疑念が再び頭をもたげてきた。

そして、ある日、慶子は思い切って明子に、自分にはなぜ父親がいないかを問い質した。

「あなたのお父さんは交通事故で亡くなったの」

と、明子は一時逃れでそう言ってしまった。慶子は半信半疑だった。

何年か経ち、高校卒業を控え、就職の準備をしていた時だった。手続きのための必要書類を揃える段になって、戸籍謄本を見る機会があった。そこで初めて慶子は自分が韓国生まれであることを知った。

〈いつかは韓国の父に会いに行ってみたい!〉

この願いは、慶子が二十歳になり成人式を迎えた後に実現することになるが、その時の状況については「第五章」に譲りたい。

第四章　日本総領事館時代

再婚、そして転職

明子が日本に帰って行った後の崔秉大は仕事にも身が入らず、空しい日々を送っていた。気分を紛らわすため毎週日曜日には馬山に住む友人に会いに行って、酒を飲み、花札に耽った。

「秉大、これで良かったんじゃないか。なんて言ったって、子供を産めないんじゃ、どうしようもないじゃないか。そのうちに再婚相手も見つかるさ」

「………」

周囲の人間は慰めのつもりか、異口同音にそう言った。しかし、崔秉大には棘のように突き刺さる言葉だった。

〈その責任はオレにあるのだ！〉

この馬山の友人宅に通い始めて数ヶ月経った頃、一人の女性が加わるようになった。友人の奥さんの友達だった。みんなと食事した後は必ず一緒に花札に興じた。大人しく慎ましい女性だった。暫らく経ってから、友人が再婚相手にどうかと勧め始めた。崔秉大も彼女に対して悪い印象は持っていなかったので、友人に一任することにした。友人がこれまでのいきさつを全て話した上で、それで良ければ結婚を前提に付き合ってはどうかと勧めてくれたところ、彼女も同意した。

明子との出会いの時のように熱く燃えるようなものは無かったが、地味な中にも堅実さが窺え、この女性となら安定した家庭が築けるだろうなと思った。

それからほどなく、周囲から祝福されながら二人は結ばれた。結婚式は崔秉大の故郷である慶尚南道昌原郡にある仏谷寺で行なった。この寺は、彼の母親が男子誕生を祈願してお百度を踏んだところで、崔秉大とは因縁浅からぬ場所であった。

この女性、姜玉子（カン・オクジャ）との再婚を機会に、崔秉大は仕事の上でも転機がほしいところだった。ＣＩＣのような情報機関の仕事は、正義感が強く情にもろい性格の彼には所詮向いていなかった。

喫茶店で政権を批判するような会話が聞こえてきた場合、有無を言わさずその声の主を連行して尋問しなければならなかった。街で長髪の若者を見つければ、捕まえてきて断髪に及んだ。ミニスカート姿の若い女性に対しては強制的にはき替えさせた。そのような人権を無視した行為を目にするのは耐えられないことだった。

崔秉大はＣＩＣを去ることに心を決めた。約五年間の短い勤務だったが、未練は無かった。

一九六五（昭和四十）年六月二二日に日韓基本条約が調印されたのを受け、翌年の一九六六（昭和四一）年一月十六日に釜山に日本総領事館が開設されることになった。これに先立ち、義弟を通じて付き合いのあった読売新聞のソウル特派員から紹介され、初代総領事の榊原冨比古に面談したところ、総領事館にとっても願ってもない人材と判断された。

こうして崔秉大は現地職員の第一号として採用されることになった。五年前に駐日韓国代表部に勤務することを希望していながら、政変のために実現しなかったが、今回の採用はなんとなく因縁めいているように感じられた。日本勤務と韓国勤務の違いはあったが、崔秉大が若い頃から希望していた〝日韓の架け橋〟としての仕事という共通の役割を果たせるはずだった。

この転職については、妻の玉子（オクジャ）も非常に喜んでくれた。やはり、彼女もＣＩＣに対しては常に緊張から解放されないものがあったようだ。

天皇誕生日祝賀会

さて、総領事以下館員五名、現地職員二名の合計七名の陣容で業務がスタートした。最初の大きな仕事は、在外公館で開かれている四月二九日の天皇誕生日のナショナルデー祝賀会であった。会場には釜山市内の大きな結婚式場を充て、釜山市長はじめ管内の有力者を多数招待した。当時はジープが乗用車として多く使われており、それに乗った著名人士が続々と会場に到着し始めた。

と、その時、一群の人々が大勢の警察官が見張っているのにも拘らず、入場者たちを指差して大声で叫んだ。

「お前ら、三六年間の日帝時代に日本の天皇のために宮城遥拝を強制されたのを忘れたのかっ！」

険悪な雰囲気に怖気づき、そのまま引き返す人たちが続出した。

二階の会場入り口では総領事夫妻と案内係の崔秉大が待機していたが、いくら経ってもお客が現れない。そこで、彼が一階に降りて様子を見に行ったところ、数人のリーダー格とおぼしき人々に囲まれた。

「お前はなんだっ！　韓国人じゃないのかっ！　韓国人がなぜ花なんか付けているんだっ！」

「私は総領事館の職員です」

「なにいっ、こいつ、日帝の犬めっ！」

と、胸倉をつかまれ、胸ポケットに挿してあった花がもぎ取られた。さらに、ワイシャツまで引っ張り出され、もみくちゃにされてしまった。

　結局、この日の参加者は釜山駐屯の米軍の幹部と報道関係者数名のみという侘びしい有様だった。翌日の「釜山日報」にこの時の様子を報じた記事が掲載された。

「韓国と日本は数十年にわたる曲折を経てようやく国交正常化を果たした。わが国にはいまだ反日感情が強く残っているだろうが、国家の祝祭には多少の問題があっても市長としては当然出席するのが礼儀というものであろう。八月十五日はわが国の祝日で祝いの催しを開いている。この日は日本にとっては敗戦の日であるが、多くの人々が参加し、心の内はどうであれ表面では礼儀を尽くしてくれている。島国の人間より大陸的であるはずの我々がこのようなことではいいのだろうか」
とにかく、波乱の幕開けであった。

ＫＣＩＡ埠頭室長と大喧嘩

国交回復後、日韓間の往来は年を追うごとに頻繁になり、一九七〇（昭和四五）年には釜山と下関の間に五千トン級の大型フェリーが就航するようになっていた。外国船が多く出入りする釜山港には保税区域があり、総領事館としては必要最小限の館員にＣＩＱ（税関、入管、検疫）から保税区域への立ち入り許可を得ていた。

しかし、当時の韓国では北朝鮮や共産圏からの人、物の出入りを取り締まるため港には警察、軍の保安機関、韓国中央情報部（ＫＣＩＡ）の出先機関も置かれていた。

フェリーが入港したある朝、崔秉大はいつものように担当領事の鈴木力雄（海上保安庁出向）とともに入管事務所を通り過ぎようとした時、突然、大声が飛んで来た。

「おい、お前らはいったい何の目的でＣＩＱ内を出入りしているんだ！」

人を人とも思わない横柄な態度に崔秉大は腹が立った。声の主はＫＣＩＡ埠頭室長のＦだった。当時、ＫＣＩＡと言えば、〝泣く子も黙る〟、〝飛ぶ鳥も落とす〟と言われ、埠頭内でも警察や保安機関とは比較にならないほどの権限を持つ、一種〝アンタッチャブル〟的な存在であった。

　崔秉大はFに近づいて出入証を見せ、事情を説明したが、彼は理解しようとしない。

「日本領事館が何しに来るのだ。用があればフェリー会社を通して用件を申し出ろ！」

と、取り付く島もない。さあ、崔秉大の堪忍袋の緒が切れた。

「お前さん！」

「なんだっ！」

「言っておくけどね、我々は最初の時、ちゃんとお前さんのところに来て挨拶したじゃないか。覚えているはずなのに、おい、お前ら、とはなんだ！」

「なんだ、とはなんだっ！　貴様、わしを誰だと思っているんだ！」

　崔秉大は続けた。

「日本領事が日本船にどうして出入りできないんだ。入管所長が発行したこの出入証はなんなのだ。日本には東京の韓国大使館はじめ七カ所に韓国領事館があって、自国船が来たら館員たちは自由に出入りしているではないか。これが相互主義というもので、全世界の国はこれで動いているんだ。お前さんも少しは国際法を勉強したほうがいいんじゃないか！」

「なにおっ、生意気なことを！　ちょっとわしの部屋まで来いっ！」

ということで領事の鈴木と二人でＦの部屋に連れて行かれ、さらに口論が続いた。お互いにますます激昂し、Ｆの机の上の灰皿は投げられ、書類が引っ掻き回される騒ぎとなった。横にいた鈴木は、

「崔さん、暴力はいかんよ、暴力は」

と必死になって崔秉大の腕を押さえる。その時、騒ぎを聞いて駆けつけた関釜フェリー会社の王相殷（ワン・サンウォン）副社長の仲裁でようやく二人は引き離されたが、室内はめちゃくちゃになっていた。

　王相殷氏は国際経験豊かな釜山の大手船会社の社長も務める人格者であるので、王氏にその場を任せることにし、通常のフェリーとの連絡事項を済ませた。

　とにかく、相手は絶大な権力を誇るＫＣＩＡである。ただでは済まされないだろうと考え、鈴木が取り急ぎ総領事に報告することになった。

「ＫＣＩＡ埠頭室長は、渉外事務の多い埠頭勤務の上で資質を問われかねない人物ですが、外交上の問題に発展する恐れがあります」

との鈴木の説明に対し、総領事の森純造は冷静だった。

「分かった。明日の朝、緊急会議を開いて対策を協議しよう。二人とも、きょうはよく頭を冷やしておくことだな」

翌朝、ＫＣＩＡの報復も想定した対策が検討され、崔秉大は自分の身柄の拘束も覚悟した。森はかつての陸軍将校の経歴を持つだけあって腹が据わっていた。ことと次第では日本総領事館としてＫＣＩＡの横暴に抗議しようとまで言ってくれた。

午後、果たせるかな、ＫＣＩＡ釜山支社の捜査課長が訪ねてきた。取りあえず当事者である崔秉大が応対し、経緯を説明することになった。会ってみて驚いたことに、この捜査課長も崔秉大と同じ保安司令部（ＣＩＣ）の出身で、二人は旧知の間柄だった。いっぺんに緊張感が吹っ飛び、お互いに軽口が出た。

「私を逮捕しに来ましたね」

「いや、いや、そうじゃないです。一応、事情を聞きに来ただけですよ」

予想外の展開になったが、こちらからも挨拶に行った方がいいだろうとの判断で、翌日、鈴木と二人でＫＣＩＡ釜山支社を訪れた。前日の捜査課長が出迎えてくれ、支社長室に案内された。ＫＣＩＡ釜山支社長と言えば釜山では最高権力者で、市長もひれ伏すほどの存在だ。鈴木と崔秉大の二人は身体をこわばらせた。

「ま、そう固くならずに。どうだろう、今回の事件を契機にＫＣＩＡと日本総領事館はお互いに協力し、仲良くやって行こうじゃないか」

と、支社長はにこやかに言ってくれた。

後日、森の計らいで双方の幹部が集まって親睦会が開かれ、一件落着となった。まさに〝雨降って地固まる〟だった。

ところで、問題のＦについては後日談がある。

気の毒に、彼はこの事件によって釜山港埠頭室長から金海国際空港所長に左遷されてしまった。当時、埠頭室長と空港所長とでは、その権限には雲泥の差があった。

その後、暫らくして崔秉大は空港でバッタリとＦに会った。

「やあ、崔先生じゃないか。久し振りだねえ。どこへお出かけ?」

「いや、ちょっと福岡まで」

「海外旅行か、羨ましいなー。わしも行きたいよ。ところで日本に行くなら、ちょっと頼みがあるんだが…」

「なにか?」

「実は、最近、胃の具合が良くなくてね。日本製のパンシロンというのが良く効くそうなんだが、買って来てもらえないかな?」

「いいですよ、そんなことくらいなら」

あの壮絶な喧嘩は一体なんだったのかと思わせるほど二人ともこだわった様子もなく、さばさばした再会だった。

〈こういったところが、わが民族の長所かも知れないな〉

と、機上の人となった崔秉大はほのぼのとした気持ちになった。

日の丸奪取事件

一九七四(昭和四九)年八月十五日、日韓両国に衝撃が走った。

この日の午前十時、ソウルの南山にある国立劇場では光復節(植民地からの独立)を祝う式典が行なわれていた。この時、祝辞を読み上げている朴正熙大統領を狙って放たれた銃弾が誤って大統領夫人の頭部付近に当たり、夫人は命を落とした。世に言う「文世光事件」である。

犯人が文世光と名乗る在日韓国人で、使われたピストルが大阪市内の交番から盗まれたものであることが判明するや、たちまち日本に対する抗議の声が湧き起った。そして、連日、各地で反日デモが繰り広げられ、ソウルの日本大使館と釜山の総領事館にも抗議デモが押しかけて来るようになった。

総領事館は業務を停止し、正門、裏門ともに固く閉ざした上、何百人もの警察警備隊によって警護されることになった。九月一日から三十日までの丸一ヶ月間は開店休業で、まさに籠城の状態となった。

デモ隊は各種団体や会社などで構成されていた。数日間、総領事館の自室の窓から様子を眺めていた崔秉大にふと疑問が湧いた。それは、やって来るデモ隊が一定のスケジュールのもとに組織されているのではないだろうか、ということだった。元ＣＩＣの身分を利用し、さる筋を通して情報収集を行なったところ、案の定、崔秉大の推測通りだった。何日の何時にはどこそこのグループ、というようにおおよその計画が立てられているようだった。その情報を掴むことが出来れば警備上の対応もし易くなり、四六時中の緊張から少しは解放してもらうことが出来た。

こんなことがあった。釜山の市内には数箇所、遊郭があったが、なんとそこの〝従業員〟のグループも時々押しかけて来ては黄色い声でシュプレッヒコールを行っていた。

しばし息抜きのつもりで数人の館員が窓から顔を出した途端、彼女たちとの応酬が始まった。

「なによ、あんたたち韓国人なのー、韓国人なら降りてきて私たちと一緒にデモをやりなさいよ！」

「オレたちも喰って行かなくちゃならないからなー」

「それなら、アタシが食べさせてあげるわよー」

と言うなり、片方のハイヒールを窓めがけて投げて寄越すといった始末だった。

そんなリラックスした気分をいっぺんに吹き飛ばす事件がある日、起きた。

その日は過激な一団だった。その中の数人の若者が総領事館に隣接するチムレ病院の塀を乗り越え、館内の庭に侵入してきた。そして、日章旗掲揚台から日の丸の旗を降ろしてしまった。それを部屋の窓越しに見ていた女子職員が叫び声を上げながら庭を指差した。その方向に目をやった崔秉大は咄嗟に部屋を飛び出し、階段を駆け下りて現場に突進した。首謀者は総領事館の外にいるデモ隊に向かって叫んでいた。

「これから、この日章旗を火あぶりにするぞっ！」

群集から盛んな拍手と歓声が湧き起こった。その瞬間、崔秉大は後ろから首謀者を突き倒し、日の丸を奪い返した。横にいた仲間の連中も突然のことで素早い行動を取れなかった。どうやら、崔秉大を警備に当たっている私服警官だと勘違いしたらしかった。

その日、崔秉大は総領事の田村坂雄から、「よくぞ、日の丸の旗を奪い返してくれた」とのねぎらいの言葉と慰労の品を贈られた。

翌日、所轄の東部警察署から担当官が崔秉大に面会を求めてきた。そして、面目なさそうに言った。

「崔先生、昨日は大変なお働きで、誠にご苦労様でした。ついては、一つお願いがありますが、旗を奪い返したのは警察の警備隊だったということにしていただけませんか？上にはどうしてもそのように報告しなければなりませんので…」

「ああ、私ならいいですよ。いつも警備でお世話になっていますから」

これなどは笑い話で済ませることが出来たが、聞き捨てならないことも耳に入ってきた。それは、館員の中には「日本人職員もしないことを韓国人がやる必要があるのか」と冷ややかに言う韓国人仲間もいた。一方、日本人職員の中には「余計なことをしてくれなくてもいいのに。あのまま放っておけば騒ぎが大きくなって、韓国政府に堂々と抗議できたものを」と言う人間もいた。

しかし、国旗というものは国の象徴である。その象徴を群衆の前で焼き捨てるという理性を失った行為は、崔秉大には到底許せないものだった。

光州事件・日本人救出作戦

本書第一章の冒頭でご紹介した「光州学生運動」から丸五十年経った一九八〇（昭和五五）年五月、再び全羅南道光州市で韓国の民主化運動の象徴とも言える「光州事件」が起きた。

この時、五十歳の働き盛りだった崔秉大はこの事件に大きく関わることになった。

そもそもの発端は――。

前年の一九七九（昭和五四）年十月に、十七年の長きにわたって独裁政権を誇っていた朴正熙大統領が暗殺された後、「ソウルの春」と呼ばれる民主化運動が続いていた。しかし、後に大統領となる全斗煥（当時は陸軍少将）がクーデターを起こし、軍の実権を握って民主化の動きを押さえようとした。これに対し、反軍部民主化要求のデモが全国各地で相次いだが、全斗煥は八十年五月十七日に戒厳令を発し、反対派の指導者の金大中（後に大統領。全羅南道出身）らを逮捕した。翌十八日、これに反対して光州市の全南大学と朝鮮大学の学生がデモを行い、軍隊と衝突した。

これが「光州事件」の始まりであった。

しかし、悲しいかな、武装した戒厳軍を前にして学生たちは劣勢で、四百人以上もが連行され、彼らの抗議デモは鎮圧されたも同然となった。全斗煥はさらに陸軍空挺部隊を増派し、抵抗勢力を完全制圧しようとしたが、多数の一般市民も立ち上がり、角材、鉄パイプ、火炎瓶などを使用して激しく抵抗した。その後、数万人以上に膨れ上がった群集は放送局に火をつけ、市庁舎や交番を次々と襲って破壊した。それに対して戒厳軍は火炎放射器まで持ち出し、衝突はさながら市街戦の様相を呈した。

事件発生から数日後には三十万人もの市民が闘争に加わり、軍事工場を襲って装甲車や武器弾薬を略奪した。そして、それらを使い、全羅南道庁舎を占拠したのだった。ここで、戒厳軍は一時市内から撤退し、光州市に通じる鉄道、道路を閉鎖するとともに通信回線を遮断した。この頃、光州市は数万の陸軍部隊に完全に包囲されていた。

市民側は、「五・十八収拾対策委員会」を設置し、戒厳軍との交渉を開始する一方で、二三日から二五日まで連日、市民大会を開き、「金大中釈放」と「戒厳令撤廃」を要求し、併せて最後まで闘うことを決議した。

五月二六日、戒厳軍は戦車で市内に侵入を開始し、収拾対策委員会に対して武装解除と武器の返納を要求した。これが最後通牒であった。

翌二七日午前三時、戒厳軍の光州市内への全面侵攻が行なわれ、同五時十分、完全制圧が完了し、ここに十日間にわたる軍隊と一般市民との間に繰り広げられた凄絶な闘いが終わった。

当初、戒厳司令部が発表した死亡者数は百七十名（民間人一四四名、軍人二二名、警察官四名）ということだったが、およそ実態とはかけ離れた数字だった。

後年、韓国政府が公表した数字は、死者二〇七名、負傷者二三〇九名、その他の被害者九八七名ということだったが、これすら信憑性は薄い。さらに後に「五・一八遺族会」などの市民団体が行なった調査結果によると、けがや後遺症による死亡を含めると死者は六〇六名に達した。

さて、事件が勃発するや、外務本省から総領事館に問合せの電話やテレックスがひっきりなしに入って来た。当時、光州市には数人の日本人観光客が滞在していたほか、セナラ自動車（大宇自動車の前身）に出向していた日本人技術者も数人ほど駐在していた。

これらの人々の安否の確認と救出に関する指示であった。

総領事館としては、電話回線が遮断されているためどこにも連絡を取ることが出来ず、現地に行ってみる以外方法は無かった。そこで、最初は広報の担当領事が韓国人スタッフと二人で現地に向かったが、高速道路は軍によって封鎖されており、検問所があった。事情を話して通してくれるように頼んだところ、通ってもいいが、命の保証までは出来ない、とのこと。この先、無理をして行っては危険だと判断した担当領事は止むを得ず引き返さざるを得なかった。

そこで、総領事の福田三郎は邦人保護担当領事の柳田幸三（海上保安庁出向）と崔秉大の二人に光州行きを命じた。ＣＩＣ出身の経歴がこの時も役に立った。崔秉大はかつての同僚で、釜山地区戒厳令部（五〇一保安部隊）に勤めるＫ補佐官を訪ね、便宜を図ってくれるよう頼み込んだ。そうしたところ、Ｋ補佐官は二人の氏名と車の番号を行く先々の検問所に連絡し、こういう事情だから通してやってくれと依頼してくれた。お陰で各検問所はフリーパスだった。高速道路であれば四、五時間ほどで行けるところだが、旧国道を一昼夜かけて走り続けなければならなかった。道を行く自動車はほとんど無かった。光州市に近づくにつれ、沿道にある警察署は窓や扉が完全に破壊され、無人状態となっていた。路肩にはパトカーがひっくり返ったまま放置され、さらに路線バスがチェックポイントに着く度に、乗客全員が下車させられ、銃を持った軍人による身体検査や車内検索を受け、周辺では時々銃声が聞こえた。町は想像を絶する状況下にあった。

〈これは、戦場だっ！〉

崔秉大は柳田と目を見合わせた。この様子だと、日本の人たちは大丈夫だろうか？と不安がよぎった。

ようやく光州市近郊の松汀里《ソンジョンニ》にたどり着いた。ここは軍による包囲網の外側にあったので、活動拠点とするため先ずは付近の旅館を確保した。そして、ここから光州市内の邦人宅をはじめ日本人が宿泊していそうなホテルや旅館に片っ端から電話して、この旅館まで脱出してくるよう説得した。包囲網の外側から内側の中心部に入ることは不可能だったが、その逆はまだ可能だった。電話は光州市と他の地域間は遮断されていたが、光州市内間は通話可能であったことが幸いした。

直ちに柳田が隣町の羅州《ナジュ》まで行き、確認できた邦人の安否と実際に見た光州市周辺の状況を第一報として総領事館に電話で報告した。

そうこうしているうちに邦人たちが松汀里の旅館に逃れてきた。全員、疲労の色を濃くしていたが、わざわざ釜山の総領事館から二人が救援に駆けつけてきてくれたことに感激し、旅館に到着するや大きな歓声を上げた。安堵感からか、空腹を訴える人が多かったので、崔秉大が近くの店に行きラーメンを始め当座の食料を買い込んできた。

実は、光州市だけでなく木浦市にも、日本と合弁の月星ゴム会社の社員と全南大学の交換教授夫妻が滞在していたが、幸い彼らも光州市のグループに合流することができた。

さあ、どのようにして戒厳令下の町からこれらの邦人を無事に連れ出すか、救出作戦が始まった。今や外部への電話回線のみならず、電気も切られていたので、夜は真っ暗闇の陸の孤島であった。バスはもちろんのことタクシーも使えなかった。戒厳軍との闘いが激しくなるに従い、バスやタクシーも市民側と共に行動を起したからだった。

釜山と打合せた結果、総領事館の公用車を総動員して松汀里、順天市《スンチョン》、晋州市《チンジュ》に待機させることになった。そして、昼間の安全な時間帯に数人ずつを松汀里から車で運び、そこからリレー方式で釜山まで連れて行くという方法を採った。

このようにして救出した在留邦人と日本人旅行者は十数人に上った。

五月二七日、戒厳軍の全面侵攻により市内が武力鎮圧された。

その直後、柳田と崔秉大は公用車で韓国陸軍の戦車の後ろに続いて市内中心部に入ったが、戦車は歩道にあふれた住民の方に銃を向けたままだった。それを見つめる住民の目は敵意に満ちており、誠に異様な風景であった。

そんな住民の中にまぎれて日本人数名を見つけたので、声を掛け、彼らを安全な場所まで輸送し、ようやくのことで無事に邦人保護の任務を完了した。二人が釜山を出発してから既に一週間が経過していた。

まさに、身体を張っての大仕事であった。事件の一ヵ月後、時の大来佐武郎外務大臣から柳田と崔秉大に感謝状が贈られた。

「光州事件」については、多数の罪もない学生や一般市民を殺したとして戒厳軍、特に空挺部隊の兵士の残虐さが糾弾されており、韓国の民主化運動の歴史上、大きな傷跡となっている。ただ、この時の救出作戦を実行するに当たっては、釜山の軍関係の人々が事件にまったく関係のない日本人を救出することに理解を示し、よく協力してくれた。崔秉大は今もって同胞の有難さを忘れることが出来ない。

日本漁船拿捕事件

一九八三（昭和五八年）年十月九日、ミャンマー訪問中の全斗煥大統領（当時）がアウンサン国立墓地を参拝した際、爆弾テロに巻き込まれ、同行した四人の政府閣僚を含む十六名が死亡するという大事件が発生した。全大統領夫妻は到着が遅れたため、幸い難を逃れたが、この未曾有の大惨事により韓国政府は、国内は勿論のこと海外や海上における警備の強化を徹底的して行うことになった。

緊張感が漂う十月十五日（土）午前八時ごろ、日本の一本釣り漁船「靖栄丸」（五・八四トン）が領海侵犯の疑いで韓国海洋警察隊の警備艇に連行される事件が持ち上がった。

領海侵犯したのは鹿児島県の向江和弘という人物で、一本釣りは対馬付近がよく釣れると聞いていたので数日かけて北上しながら魚を追っていた。初めての場所だったので、知らないうちに境界線を越えていたということだった。

日本国内ではＮＨＫをはじめ各マスコミが

「日本漁船、韓国警備艇に拿捕さる」

とセンセーショナルに報じ、日本国民の耳目を集めた。

しかし、幸いなことに一個人の過失とも言えない領海侵犯であり、悪質なものでないことを認めた韓国側は、三十万ウォンの罰金刑が相当とし、数日後に帰国させることに決定した。

事件の翌日はたまたま日曜日で、帰国も決まったことであり、崔秉大は向江を慰めようと海洋警察隊の監視下にあった「靖栄丸」に赴いた。案の定、向江は憔悴しきっていた。

そこで、崔秉大は海洋警察隊の承諾を得、向江を自宅の近くの銭湯に案内し、疲労を取らせてあげた。向江にとって、まさに〝地獄で仏〟の心境だったに違いない。そして、風呂の後は景気付けに居酒屋へ、とあいなった。

「さあ、向江さん、狭い船の中に閉じ込められっぱなしじゃ食欲も出なかったでしょう。今夜は腹いっぱい食べてください」

「いやー、こんなにまでしていただいて、なんとお礼を言えばいいか……。このご恩は一生忘れません」

「そんな心配はしなくてもいいですよ。それよりも早く日本に戻って家族に元気な顔を見せてあげてください。ところで、捕まったときはやっぱり不安でしたか?」

「それはもう……。われわれ漁師仲間では、韓国に捕まったらもう日本に帰れないかもしれないと言われていましたから」

「帰れなくなるなんて、そんなことはありませんよ。われわれ韓国人も人間ですからね」

「韓国にもあなたのような方がおられるとは思ってもいませんでした」

「なんですか、われわれは鬼みたいに思われているんですか。ハハハハ……」

さらに、崔秉大は向江を自宅に連れて行き、鹿児島の家族を安心させるために電話をかけさせてあげた。電話口で向江は感極まっていた。

数日後、無事に鹿児島の自宅に帰りついた向江から早速電話があった。親戚や近所の人が大勢集まってお祝いの宴を開いてくれた由。彼の妻も電話に出てきて、繰り返し、繰り返しお礼を言ってくれた。

一九五二（昭和二七）年一月十八日に時の李承晩大統領によって一方的に設定された「李ライン」は、その当時の日韓間の大きな紛争の種となっていたが、一九六五（昭和四十）年の日韓漁業協定成立によって廃止されるまで、日本の漁民にとっては恐ろしい存在だった。李ラインが敷かれて以来、拿捕された日本漁船は実に三二六隻、未帰還船一八五隻、抑留された日本人乗組員は三九〇四人、抑留中の死者は八人に上った（「海上保安庁三十年史」より）。

李ラインの廃止以来二十年近くが経ち、日韓関係も徐々に安定しては来ていたが、互いに近いが故に、隣接する海上を舞台に時としてこのような事件が起きるのだった。

　ところで、話は一挙に現在にまで飛び、「靖栄丸」事件から二五年後の二〇〇九（平成二一）年三月、崔秉大は向江と四半世紀ぶりに電話による〝再会〟を果たした。

「もしもし、鹿児島の向江さんですか？　私、韓国の釜山の日本総領事館にいた崔です」

「………」

「もしもし、韓国の釜山の崔です。覚えてくれていますか？」

「………。あのぉー、昔、私が釜山でお世話になった崔さんですか？」

「そうです、崔です」

「本当にあの時の崔さんですか！　いやぁー、驚きました。私が崔さんのことを忘れるわけがありませんよ。お元気でしたか？　それにしても、いったいどうしたことなんですか？」

「実は、今度、私の周りの人たちのお世話で私の本が出版されることになりました。日本総領事館時代の話の中に、あなたが拿捕されたあの話を取り上げさせてもらいたいと思いましてね、原稿を執筆してくれている人からの依頼で、あなたの了解をいただくために電話したというわけです」

「そうですか。そんなことでしたら、どうぞご自由に。それにしても本当に懐かしいですねー。崔さんはおいくつになられましたか？　私は満七二になりました」

「私はもうすぐ八十ですが、おかげでピンピンしています。向江さんは私よりもずっと若いんだから、まだまだですよ」

「ええ、今でも一人で対馬や五島方面に漁に出ています。でも、細々とです。やはり歳ですから以前のようには行きません。あの事件も今となっては、私の元気な頃の懐かしい思い出ですよ」

「しかし、あなたはあの事件ですっかり韓国が嫌いになったのではないんですか、ハハハ」

「いえいえ、海洋警察隊の人たちは個人的にはみんな親切でした。私が放免されて帰国の途に着いた時、一隻の警備艇が領海に出るまで私の船を護衛するように付いて来てくれました。その際、お菓子やラーメンをたくさん持たせてくれました。不安な日々を過ごした後だっただけにどれだけ嬉しかったことでしょう」

「向江さん、それを聞いて私もほっとしましたよ。二五年間の胸のつかえが取れたような気持ちです」

「ところで、崔さん、あの時、ご自宅まで連れてっていただいた際にお目にかかった奥さんはその後どうなられましたか？　大分お悪いようでしたが…」

「家内はあれから五、六年後に亡くなりました」

「………。やはりそうでしたか――。

崔さん、お詫びしなければなりません。実は、あの時の奥さんの様子からしてかなりお悪いのではないかと案じていました。そこで、せめてものご恩返しにと思って、家内と相談して千羽鶴を折り始めたのです。ところが、その後私が体調を崩してぐずぐずしていたため、とうとう最後までやり遂げることが出来ませんでした。本当に申し訳ないと思っています」

「あなたがそんなにまで家内のことを心配してくださっていたとは…。家内もあの世で喜んでいると思いますよ。有難うございます。

それはそうと、向江さん、今、ウォンがとても安くなって日本からは非常に来易くなっています。今度は旅行者としてぜひ釜山に遊びに来てください」

「実際にそんな日が来るといいのですが…。でも、崔さんには本当にもう一度お会いしたいと思っています。その日を楽しみに私もせいぜい頑張りますので、崔さんもいつまでもお元気で過ごしてください」

何かしら心寂しい会話で終わったことが気になったが、亡き妻に対する向江の気遣いに感動した崔秉大は、二五年前の出来事を思い出しながら「一期一会」という言葉をしみじみと噛みしめた。

在韓困窮日本婦人の救済

戦前・戦時中の植民地時代に朝鮮に住んでいた日本人の殆んどは敗戦と共に帰国した。だが、戦後もかなり経た昭和四十年代（一九六五年頃）においても相当数の日本人が韓国に残っていた。それらの多くは、戦前・戦時中に日本に渡って来た朝鮮人男性と結ばれ、戦後、夫と共に韓国に戻ったものの、何らかの事情で日本に帰れなかった女性たちだった。

その事情とは――。

夫に先立たれた、夫に本妻がいて捨てられた、朝鮮動乱で夫や身寄りを失った、などいろいろであるが、いずれも不幸な境遇にあった。さらに不幸なことは、日本の肉親から帰国を拒否されたり、日本には最早頼るべき人々がいなくなっていたりしたことである。

昭和四十年代の初め、そういった事情を知った足立篤朗衆議院議員（当時）が政府に働きかけ、気の毒な在留邦人（殆んどが女性）の帰国を支援する制度がスタートした。それを受けて、総領事館に担当部署と担当職員が置かれ、崔秉大もその任に就くことになった。

当時、釜山の総領事館の管轄地域は慶尚南北道、全羅南道、済州道であったので、これらの地域を対象に調査を行い、該当する人物がいるとの情報が入れば訪ねて行った。

その際、本人が戸籍謄本を持っていれば問題は無かったが、そうでない場合は住所や親兄弟の名前、通っていた小学校や友達の名前、はては住んでいた家の間取りなど、少しでも手がかりとなりそうなことについて質問した。また、日本語の話し方にも注意を払った。なぜなら、中には逆に日本人であることを隠そうとし、在日であると言い張ったり、口が利けないふりをしたりする者もいた。また、総領事館の存在も知らず、その調査の目的も理解せず、ただひたすら日本人であることが知れるのを恐れる者もいた。

そのようにして、本人の身元と帰国希望の意思が確認出来ると、報告書を外務本省に提出するのである。外務省ではそれを受け、さらに入管と警察で調査を行ってもらい、すべてクリアされた時点でようやくビザの発行となる。

このようなプロセスを経て、ようやく帰国できたものの、子供が学校でいじめに遭い、韓国に後戻りして来るケースもあった。

ところで、少し時代が進み、ソウルオリンピックが開催された一九八八（昭和六三）年の夏のある日、影島区の洞事務所（町会事務所）から電話があった。七十歳くらいの日本人らしいお婆さんが病気で死にかかっているという話だった。早速、崔秉大が担当領事と駆けつけたところ、そこは、影島の山の中腹にある貧民街だった。バラック建てのみすぼらしい一軒家の部屋にお婆さんが横たわっていた。暑い日で、中に入ると強烈な腐臭が漂っており、おもわず顔を背けたくなった。蚊取り線香を焚いているのは、その匂いを消すためのようだった。崔秉大がお婆さんを抱き起こすと、長い間寝たきりだったためか、背中は床ずれで一面膿だらけだった。さらに、肛門あたりから出血しており、激しい匂いがした。近所の人たちが交代で見回り、食事の世話もしてあげているとのことだった。同行して来た洞事務所の担当者になんとかならないのかと聞いたが、無国籍の状態なので影島区にも援護の申請が出来ず、困っているとのこと。お婆さんに話しかけると、どうにか話はできるようで、かすれた声で途切れ途切れに返事が返ってきた。

「お婆ちゃん、私たちは日本の総領事館から来ました。日本の方をお世話している者ですから、安心してください」

「は、い、ご、く、ろ、う、さ、ま、で、す」

「お婆ちゃんは日本の方ですね?」

「は、い、そ、う、で、す」

「生まれたのはどこですか?」

「ほ、っ、か、い、ど、う、○、○、ぐ、ん、○、○、ま、ち、で、す」

「日本にはどなたか親戚の方がいますか?」

「は、い、じ、っ、か、が、あ、り、ま、す」

「日本に帰りたいですか?」

「は、い、か、え、り、た、い、で、す、で、も、か、え、れ、る、の、で、す、か?」

「お婆ちゃんが希望すれば帰れますよ。だから、早く元気になってください」

「あ、り、が、と、う、ご、ざ、い、ま、す、ど、う、か、よ、ろ、し、く、お、ね、が、い、し、ま、す」


話す言葉から確かに日本人だということが分かり、出身地についても一応の答えが返ってきた。身元確認の資料として、日本から来た手紙や写真を預かり、その日の事情聴取は取りあえずそこまでとした。総領事館に引き返し、直ちに本省を通じて身元照会を行なったところ、北海道の実家にも連絡が取れ、本人に間違いないことが判明した。ところが、数日後に実家から届いた手紙には無情にも

「今さらなにもするつもりはありません」

とだけ記されていた。

その間、お婆さんの健康は日に日に悪化し、一刻の猶予もならなかった。そこで、緊急措置として慶州のナザレ園に頼み込み、そこに引き取ってもらった。

しかし、子宮ガンが進行していて手の施しようもなく、お婆さんは移された病院で数日後に息を引き取った。

ナザレ園からその知らせを受けた時、崔秉大は、異国の地でだれにも見取られず、悲惨な状況の中で無念の人生を終えたお婆さんの身の上を思いやり、胸が締め付けられる思いだった。

戦後四十年以上が経過し、また、国交が回復して三十年近くになり、総領事館も出来たというのに、それを知らない人がまだ存在していることが残念でならなかった。

あのお婆さんももっと早く発見されていれば、病気の治療を受け、命を永らえることができたかも知れないのに…。釜山のような都会でさえ、総領事館のことを知らない人

がいるということは、恐らく韓国内の各地にはこのようなお婆さんがもっといるのだろう…。日韓の歴史に翻弄された哀れなお婆さんたち…。

崔秉大は、この時の悲しい出来事をきっかけに、これらの気の毒な日本のお婆さんたちのために出来る限りのことをしたいと願うようになった。

日本人慰霊碑移転問題

朴正熙大統領時代に釜山市長に就任した金玄玉《キム・ヒョンオク》氏は人道的な精神を持った人だった。金市長は、朴大統領が革命を起したときは釜山駐在の港湾司令官を務めており、革命軍の一員として朴大統領に協力した。そのような関係から釜山市長に任命されたのだった。

戦後、釜山市内のお寺や火葬場付近には、かつて釜山に住んでいて亡くなった日本人の遺骨や位牌が数多く放置されたままになっていた。金市長は、「たとえ日本が植民地時代にわが国にいろいろ非道なことをしたと言っても、死んだ人たちには罪がない」として、散在していた遺骨や位牌、それに過去帳などの資料を一カ所に集め、釜山市が管理している堂甘洞の火葬場近くに「日本人家移安之碑」という立派な墓碑と、その横に納牌堂を建立してくれた。それは、日韓国交が回復する前の一九六二（昭和三七）年のことだった。

その後、国交が回復し、釜山にも日本総領事館が開設されたことにより、韓国にある唯一の日本人墓地をいつまでも釜山市に任せていては申し訳ないということで、一九七〇年代の初め、当時の担当領事の鈴木（前出）とともに崔秉大が金市長を訪ねた。

「長い間お世話になりましたが、今後はわれわれ日本側で管理をいたします」

と約束し、その後は毎年、「芙蓉会」（「第六章」で詳述する）の会員のお婆さんたちに法事を行なってもらい、釜山在住の日本人たちも参加して霊を慰めてきた。

ところが、約二十年後の一九九一（平成三）年に都市再開発計画によって日本人慰霊碑も移転の必要が生じ、釜山市の衛生課長から相談したいとの呼び出しがあった。そこで、担当領事の冨賀見栄一（海上保安庁出向）に同行して崔秉大も市役所を訪れた。

「こういう事情ですから、なんとか総領事館の方で対処していただきたいのですが」

これに対して、そうするのが当然のことと考えた冨賀見は
「ご事情、よく分かりました。われわれの方で善処させていただきます」

と回答し、総領事館に戻り総領事と首席領事に報告を行なった。ところが、二人の見解は予想もしなかったものだった。曰く

「本省はおそらく費用を認めてくれないだろう。理由は、国交回復以前に釜山市が独自の判断で行なったものだから、総領事館は管理するのみで、それ以上の責任は取れない。釜山市が碑を燃やしてしまおうと、どこかに移転させようと、それは彼らの問題で総領事館はタッチできない」

冨賀見は真っ赤になって二人を相手に大激論となった。しかし、総領事と首席領事の考えがそうであるなら、出向の身である冨賀見としては引き下がらざるを得なかった。翌日、冨賀見と崔秉大は頭を下げながら衛生課長に釈明した。同じ公務員として、官庁の論理も理解できるとみえて、衛生課長は再検討を約束してくれた。そして、回答があった。

「釜山市が市立公園墓地の一角にある土地を提供しますから、移転に要する二五〇〇万ウォン程度は負担していただきたい」

「土地まで提供していただき、有難いことです」

と冨賀見。これなら大丈夫だろうと意を強くして再度、総領事と首席領事に報告に行ったが、二人は相変わらず消極的だった。理由は、先の「国交回復以前に釜山市が独自の判断で行なったものだから」であった。慰霊碑をお参りし、お供え物を上げたり碑の周りの雑草を取ったりすることに生甲斐を感じている芙蓉会のお婆さんたちも陳情してくれたが、とうとう本省からは許可が下りなかった。

冨賀見と崔秉大の二人は再度、市役所に衛生課長を訪ね、平身低頭してお詫びすると共に再検討と助力をお願いした。

「土地はこちらで提供するから、移転費用だけ負担していただきたいと言っているんですよ。それもダメだなんて……。日本人はそんなに先祖を大切にしないんですか！」

返す言葉が無かった。理解のある衛生課長もさすがに憤懣やるかたないようだった。

ここは、ひとつ同じ韓国人同士で腹を割って話合う必要があると感じた崔秉大は、時と場所を替えて衛生課長に会い、一生懸命に頼み込んだ。このとき、崔秉大は日本としてはとても恥ずかしいことではないかと思うと同時に、自分の立場にやりきれなさを感じた。

一方、冨賀見も最後の手段として釜山市長に直談判することを考えた。日ごろから懇意にしてもらっていたさる病院の院長が市長の高校時代の先輩であることを思い出し、その病院長に仲介の労を依頼した。数日後の夜中、病院長から電話がかかってきて、今、市長と某ホテルのカラオケ・パブで飲んでいるから来ないか、とのことだった。冨賀見はタクシーでホテルに駆けつけ、不自由な韓国語で必死になって陳情した。

「冨賀見さん、まあ、今夜はリラックスして歌でも歌いましょう」

市長はさりげなく言った。冨賀見はやるだけのことはやった、との気持ちから市長の判断に賭けることにし、その夜は大いに飲み、大いに歌った。帰宅したときは午前四時を回っていた。

結局、この件は釜山市が全額費用を出してくれることになり、一九九一（平成三）年十月十六日、現在の私立公園墓地内の静かな場所に日本人慰霊碑と納牌堂が新たに建立された。納牌堂は慰霊碑の地下にあり、一五二八の位牌が安置されている。そして、芙蓉会のお婆さんたちが交代で慰霊碑の清掃などの管理を行なってくれている。

心ない日本人旅行者

時は一九七〇年代の初頭。

日本ではその数年前の一九六四（昭和三九）年に海外旅行が自由化され、それに注目した韓国は日本人観光客の誘致を国策の柱とした。大韓海運公社では日韓航路に五千トン級の「アリラン号」を就航させた。これの就航式には朴正熙大統領も出席するほどの期待の寄せ方だった。年を追って海外旅行に出かける日本人の数は増したが、彼らの訪問先の第一は近間の韓国だった。中でも釜山は地理的な関係から、九州方面の人々にとっては国内旅行の感覚で訪れることのできる外国として人気があった。

「ノーキョー」という言葉が一躍、韓国の観光業界で知れ渡るようになったのはその頃のことだった。それと時を同じくして、日本国内では「キーセン観光」が社会問題化し、韓国に向けて出発する団体旅行者に抗議するため空港に押しかける婦人団体も出るほどだった。

ある日、市内のホテルから一本の電話がかかってきた。日本人の宿泊客が同宿の客とトラブルを起している、とのことだった。崔秉大が駆けつけてみると、中年の日本人男性が、なんとフンドシ姿でベッドの上で胡坐をかいて大声で怒鳴っている。相当酒が入っているようだ。部屋には若い韓国人女性が泣きわめいている。聞いてみると、男がこの女性に暴力を振るったらしい。

「お前らー、なんだっ！　人の部屋に入ってきやがって、なんの用だっ！」

「日本の総領事館の者ですが、ホテルから連絡があったので来たのです。とにかく暴力はいけません。われわれも警察沙汰にはしたくありませんし…」

「なにいっ、警察だと！　呼ぶなら呼べよ。悪いのはこの女の方だっ。オレをだましやがったんだっ！」

どうやら、金銭のもつれらしい。言葉が十分に通じなかったことが原因のようだった。崔秉大が中に入り、なんとかその場を収めてはみたが、後味が悪かった。

二十年ほど前の情景がまざまざと蘇ってきた。御殿場のかまぼこハウスでアルバイトをしていた頃のことだ。アメリカ兵たちが、〝基地の女性〟と呼ばれる日本人の若い娘をわがもの顔で連れ回し、傍若無人の振る舞いを行なっているのを目の当たりにした崔秉大は、韓国人でありながら義憤を感じたものだった。今、目の前で恥も外聞も無く泣き叫んでいる娘は自分の同胞なのだ。

〈あまりにも情けない！　あの頃の日本と同じだ〉

結婚ビザ騒動

ある日、領事部の崔秉大のデスクの電話がけたたましく鳴った。一階のビザ申請受付の女子職員からだった。

「すみません。今ここに日本の男性の方が韓国の女性と一緒に来て、彼女と一緒に日本に行くのでビザを出せと言っています。結婚していると言うんですが、お酒を飲んでいるようで、領事を出せと大声で叫んでいます。暴力団の人のようで、私たちどのように対応して良いかわかりませんので、すみませんが降りてきていただけませんか」

崔秉大が窓口に降りてゆくと、なるほど一見してやくざ風の男が大声で怒鳴り散らしている。こういった手合いは下手に出るとますます付け上がってくるから要注意である。

「話を聞きますから、一番端の窓口に来てください」

と、崔秉大は努めて冷静に、込み入った話を聞くための特別の窓口に移るよう促した。大柄で眼光鋭い男性が出てきたので、相手は一瞬たじろいたようだった。

「なんだ、アンタは。オレは領事に話があるんだ!」

「私が担当者です。話があるなら聞きましょう」

「アンタ、日本人なのか、韓国人なのか?」

あまりの横柄さに、崔秉大は対応の仕方を変えることにした。

「そんなことはどっちでもいいだろう。お前さんね、ここは日本の機関なんだよ。お前さんも日本人で、物を頼みに来たのなら、一言、よろしくお願いします、くらいのことは言ったらどうだ」

「なにおっ！　オレを誰だと思ってんだ！　オレは○○先生とは懇意の間柄の人間なんだぞ」

「そういうセリフはお前さんの世界では通用するかもしれないが、ここは韓国なんだ。よく考えて物を言え。それに、お前さんの言動だと不良外人と見られても仕方がないよ。うちから韓国の入管にお前さんを不良外人として届けることも出来るんだぞ。そうなりゃ、お前さんは次からは韓国に来れなくなるんだよ」

　一瞬、相手の顔色がサッと変わり、明らかに狼狽の色を見せた。

「不良外人だなんて…。オレは今度、この女性と結婚して日本で一緒に住むことになったんで、そのための申請に来たんだよ」

「お前さん、ここはね、観光ビザと商用ビザしか発給できないんだよ。お前さんの場合は結婚ビザというものが必要で、それを申請するには戸籍謄本や理由書などの書類を整えた上で日本の法務省の審査を受けなきゃならんのだ。ここの窓口で、はいどうぞと言って出せる代物ではないんだよ。今はもう昼休みの時間に入ったから、午後一時半になったらもう一度来るといい」

　相手の傍らで小さくなっている女性に目をやったところ、ごく普通の真面目そうな若い娘だった。崔秉大は不憫に思い、声を掛けた。

「キミね、本当にこの男と結婚する気があるの？」

「この人は以前から私が働いているお店に来て、お金やいろんな物をくれ、とても親切にしてくれるので、いい人だと思っています」

「それだけのことで、簡単に結婚を考えないほうがいいよ。ひょっとするとこの男は、キミをうまく日本に連れて行った後、どこかの水商売の店にキミを売り飛ばすことを考えているのかもしれないんだから」

「本当にそうだとしたら、私どうしたらいいんでしょう？」

二人の会話を聞いていた相手は、崔秉大が急に韓国語で話し出したものだからビックリしたようだった。

「やっぱりアンタ、韓国人だったんだな」

「私が韓国人で悪かったね。今、この子に結婚はよおく考えた方がいいよと言っておいたよ。そうでないと、お前さんにどこかに売り飛ばされるかもしれないからな、と」

崔秉大はこれでもうこの男性はやって来ないだろうと思った。

ところが、驚いたことに午後一時三十分きっかりに再び現れたのである。手には何か小さな包みを携えている。

「先生、今朝ほどは少し酒が入っていたもので、大変失礼しました。これは、そのお詫びのしるしです。また、改めて出直したいと思っていますが、その節にはよろしくお願いします」

　午前中とは打って変わった低姿勢で、その上、韓国式に「先生」である。そうなると、崔秉大の方も扱い方を考えなくてはならない。

「そんな気を遣ってもらわなくてもいいですよ。ちゃんと筋を通してくれるなら、こちらもそれなりの対応をしますから」

　案外、根は生真面目な人間なのかもしれない、と崔秉大は思った。そして、いずれ正式に申請に来るだろうと予想していたが、その後一向に現れた気配が無い。自分にいろいろ言われたことで考え直したのだろうと思っているうちに、彼のことは崔秉大の脳裡から去ってしまっていた。

　この男性、それからも頻繁に釜山にやって来ては酒びたりになっているとのことだったが、とうとう酒が原因で命を落としてしまったらしいとの噂が耳に入った。

　かつて、日本の裏社会を垣間見た経験のある崔秉大にしてみれば、それほど酒を求めて釜山に来ていたからには何か満たされないものがあったのだろう、一晩くらいは酒に付き合って話し相手になってやっても良かったかなと一抹の悔いが残った。

縁結び

こちらは一転してハッピーエンドのお話。

自分は韓国が好きで、韓国で仕事がしたいので適当な働き口があれば紹介してほしい、という日本人男性が現れた。

〈ここは職安じゃないんだが……〉

と苦笑しながら、崔秉大が応対に出た。会ってみると明朗で好印象の持てる青年だった。そこで、妻が総領事館の近くで貴金属店を営んでいる知り合いのKに依頼の電話を入れた。

「なかなか正直そうな青年で、日本人だからまぁ問題は無いと思いますよ」

と、崔秉大。いくら日本人びいきとは言え、人を紹介するのに余りにも大雑把である。ともかくKも、江南勉と名乗る就職希望の日本人青年との面談を承知してくれ、妻の店の二階にあるコーヒーショップで会うことになった。

そして、ここが日韓ロマンスの舞台となった。

ちょうどその頃、江南はひとりの若い韓国人女性と知り合い、交際を始めていた。なかなかの美人で、その上、非常に聡明だった。彼女にぞっこんとなった江南、就職活動はそっちのけで、このコーヒーショップでデートを重ねた。彼女は洪（ホン）と言い、済洲島の出身だった。

彼がどこに宿泊しているのか知らなかったが、口を利いた崔秉大としても気になるところだったので、一度食事にでも来なさいと自宅に招いた。味を占めた江南は頻繁に崔家を訪れるようになり、数日間、滞在することもあった。そのような時、食事はまですか、と催促することもあり、

〈日本人にも図々しいヤツがいるもんだ〉

と、崔秉大を呆れさせたが、彼は息子が一人増えたような気がして、嬉しかった。

とうとうある日、江南から洪と結婚することになったと報告があり、ついてはビザの手続きについて教えてほしいとの依頼を受けた。他でもない、今や家族の一員同様になった彼の頼みとあって、崔秉大は親身になって世話をした。そして、洪は晴れて江南順子となった。

さて、日韓ロマンスの第二幕――。

結婚後、二人の生活の場は滋賀県に定められ、毎年来る年賀状には元気な様子が記されていた。ある年、崔秉大は子供たちと日本を旅行した際、江南の招きで彼の家を訪問し、そのあまりの立派さに驚いてしまった。広々とした敷地に立つ家は一際異彩を放ち、高級車も数台置かれていた。その十年ほど前、職を求めて韓国にやってきたあの青年が、いつの間にこのような成功を収めたのだろうか?

江南夫人となったかつての洪孃は語りだした。

「アボジ（お父さん）、ここに来た時、私は騙されたっ！　と思いました。なぜって、家には年老いたお父さんとお母さんと二人の小さな子供がいました。子供たちは前の奥さんとの間にできた子供だそうで、なんと主人には結婚の前歴があったんです。そして、二人の子供を両親に押し付けて、韓国にフラリとやってきたのです。

でも、私は今さら韓国には帰れず、頑張るしかありませんでした。ま、主人はいい人でよく働いてくれましたから、私もなんとかやって来れました」

次に、今は堂々たる事業家になった江南が語ってくれた。

「いや、順子の言う通りです。私たちがここまで来れたのも彼女が頑張ってくれたからです。それに、事業が発展したのも彼女の才覚のお陰です。

私は当時、土木施工管理士の資格を持っており、ダンプカー一台と測量機器を商売道具として細々と下請けの仕事をやっていました。それを見ていた順子が、その仕事はだれがやってもいいはずだから、アナタ、会社を興して自分の仕事としてやりなさいよ、と言うのです。彼女の言うことに従い、会社を立ち上げました。最初のころは従業員の確保などで苦労がありましたが、下請けではありませんから、収入はすべて私の会社に入るのです。実績を積むに従い、県の公共事業の仕事もやらせてもらえるようになり、事業はとんとん拍子に伸びました。

順子は日本で教育を受けたわけでもなく、日本の事情にも明るくないはずなのに、よくも知恵が働いたものだなと感心させられました。持って生まれたセンスなのでしょうね。

それから、先妻との二人の子供もわが子同様に慈しみ、育ててくれました。これには心から感謝しています」

崔秉大は、これまでの経緯から、江南夫妻が幸せそうな家庭を築き、事業も成功させた姿を目の当たりにし、実の父親のように嬉しかった。

それからさらに十数年後、彼らの息子が結婚した際には、韓国に住む祖父として招かれ、スピーチまでやらされた。総領事館勤務を通じて、公の場で挨拶を行うことには慣れていいた。参会者たちは驚きの目で崔秉大のスピーチに聞き入っており、会場のあちこちでは感嘆の声が漏れた。

「韓国からやって来た婿さんのお祖父さんの日本語は素晴らしいのぉー!」

崔秉大は実際に花婿の祖父になった気分だった。また、母親の順子の和服姿もピシッと決まり、日韓が見事に融合していた。

縁もゆかりも無かった日本人青年が韓国人女性と結ばれるのに一役買ったのが縁で、今や二人の家族として扱われている…、崔秉大は人の世の縁の不思議さに想いを馳せ、胸を熱くした。

〈日韓の架け橋になりたいと願っていた私の夢がまたひとつ叶えられたな〉

ホテル火災事故

一九八四(昭和五九)年一月十四日、釜山市内の西面ロータリーにあるDホテルで火災が発生した。死者三八名、重軽傷者七十名を出す大惨事となった。火元は地下のサウナ風呂で、ホテルの上層階まで延焼した。亡くなった方々の大半は絨毯から出た煙による窒息死だった。

知らせを受けて崔秉大が現場に駆けつけた時、ロビーには放水された水が雨のように滴り落ちている状態だった。

死亡者の中に日本人が三名含まれていた。そのうちの一人は、日本のA社の社員で、釜山の有名な靴メーカーとの取引で来韓していた際の不幸だった。

後日、崔秉大が韓国のメーカー側の人から聞いた話によると、火事の前夜、A社社員とメーカーの担当者は遅くまで飲んでいたが、寒い夜であったので、メーカーの担当者が気を利かして近くのホテルを取ってくれたとのことだった。その親切心があだとなったわけで、担当者の心中は察するに余りあった。

また、犠牲となったA社社員の部屋のベッドの上には一枚の走り書きのメモが残されており、そこには、

「ああ、もうダメだ。子供たちをタノム」

と記されてあったそうだ。その話を聞いた崔秉大は、犠牲となった男性が家族に残した最後の言葉に思わずもらい泣きをしてしまった。

事件後、死亡者や負傷者への賠償問題で遺族側とホテル側でもめ、総領事館も中に入って苦労した。もめた最大の理由は、このホテルはしっかりした会社組織になっていなかったことだった。噂によるとオーナーは闇社会の人物で、さらに悪いことに、彼は前年の一九八三（昭和五八）年九月一日に起きた大韓航空機撃墜事件に巻き込まれて死亡してしまっていたのだ。それが、賠償交渉を一段と困難にさせたのかもしれない。

火事の犠牲となったA社社員は二重の不運に見舞われたわけで、遺族は怒りのやり場が無かったことだろう。

四十年ぶりの再会

一九八三（昭和五八）年十二月、崔秉大は西条小学校の旧友である銭本とほぼ四十年ぶりの再会を釜山で果たした。

崔秉大がその頃、取材に訪れて知り合いになった朝日新聞の記者に、毎日新聞の「銭本三千年」という名の記者の消息を調べてほしいと頼んであった。銭本が毎日新聞に勤めているということは風の便りに聞いていた。珍しい名前のお陰で簡単に見つかり、崔秉大に知らせがあった。彼は早速、銭本に手紙を送り、再会の運びとなった。

釜山の金海国際空港に到着した銭本夫妻を迎えた崔秉大は懐かしさのあまり涙が止まらなかった。

「よく来てくれたね。月山だよ。もっとも、今では崔秉大。僕の本名だ」

銭本の方も、目の前の一八〇センチを超える堂々たる恰幅の紳士が四十年前の月山秉大かと思うと胸が熱くなった。

この時、銭本夫妻は崔秉大の家に数日間滞在し、家族ぐるみの交流が行われた。崔家にはすでに一人の息子と三人の娘がいたが、長男は兵役義務で警察隊に入隊しており、そのときは家を離れていた。

初日から予想していなかったことが起こった。お互いの紹介が終わり、四十年ぶりの再会を全員で喜び合っている時だった。突然、韓国海洋警察隊から電話が入った。

「崔先生、お休みのところ申し訳ありませんが、このところの悪天候で操業中の韓国漁船が転覆し、乗組員たちが日本の領海に流されてしまいました。幸い、救助されて命に別状は無いのですが、救護のために乗組員の家族が現地に向かわなければなりません。至急、彼らのビザの発給をお願いしたいのですが」

なにしろ緊急事態である。団欒を中座し、「すまん、すまん」と言いながら崔秉大は総領事館に駆けつけて行った。主のいなくなった家は急にそらぞらしい空気に包まれた。なにしろ言葉が通じないのだ。娘たちの心を和らげようと銭本が昔とった杵柄でピアノを弾き、みんなで日本の童謡を口ずさんだ。

ようやく崔秉大が戻り、再び対話が始まったが、四十年間お互いが歩んできた道のりの話は尽きない。銭本が言った。

「崔君、小学校時代、ボクたちが一番仲が良かったのはどうしてだったのかな?」

「それは、キミ、二人ともいじめられっ子だったからだよ。ハハハハ」

「そうか、そう言えばボクは京都からの転校生で京都弁がなかなか抜けず、その上、広島弁にどうしても馴染めなかったからな」

「言葉のことを言うなら、オレなんかはもっと大変だったぞ。なにしろ日本語は外国語だったんだからな」

こう話しながら、崔秉大はふとあることを思い出した。

「ところで、キミ、H校長のことを覚えているかい?」

「もちろんだよ。でも、どうして?」

銭本は全く予想もしていなかった人物の名前が飛び出してきたので驚いた。覚えているどころではない。H校長は崔秉大を殴った男だ。純粋な少年にとって、正当な理由もなく親友を殴った人間は、校長であっても許せなかった。いや、校長であるからこそ許せなかったのだ。

「実は、オレは何年か前に日本に行った時、広島まで足を伸ばし、H校長の墓を捜し出してお参りしたことがあるんだ」

「それは、本当か？　だけど、キミ、H校長はキミを殴ったんだぞ」

「たしかに、あの時はオレも校長を恨んだよ。殴られた者の痛みは、殴った者にはわからない。しかし、H校長はやはりオレの恩人だと思うよ」

「恩人だって！」

「そう。終戦で韓国に引き揚げることになり、学校に挨拶に行った時、驚いたことにH校長がオレの肩に手を掛け、『月山、頑張れよ』と励ましてくれたんだ。正直言って嬉しかった。その瞬間、あの時の恨みの気持ちなんかどっかに吹っ飛んで行ったよ。それで、オレはいつまでも人を恨んでいても始まらない、ということを悟ったのだ。今、総領事館という二つの国に挟まれた職場で仕事をしていて、そのことを強く思う。その意味で、あの校長がいたからこそ今のオレがある、と最近になってそう思うんだよ」

銭本は、そうか、と感に堪えない様子で深く頷いてくれた。

話題がほかに移ったところで、崔秉大はしみじみと言った。

「しかし、キミ、日韓親善の道もなかなか大変なんだよ」

「それはそうだと思うが、また、どうして?」

「文世光事件、教科書問題、慰安婦問題とか日韓関係が緊張するたびに、わが家にもいやがらせの電話があったり、石を投げられたりするんだ。娘たちも学校で『日帝の犬の娘!』とののしられたりする。そんなとき娘たちは、どうして日本の領事館などで働くのだ、辞めてほしい、とオレを責めるんだ。それが実に寂しい……」

銭本は、半世紀もの間、日本を思い続けてきた崔秉大の心情を思い遣り、どのように答えればいいかわからなかった。

銭本夫妻の帰国後、二人の元に崔秉大の娘たちから手紙が届いた。

「日本のおじさま、おばさま、お元気ですか。私たちも日本語の勉強を始めました。光先(長女)は大学の日本語科に進みます。次にお会いするときは、日本語でお話しましょう」

釜山で会った時は、なにかしら日本に対するこだわりが感じられた三人だったが、安堵させてくれる英文の手紙だった。

後年、長男を含め、四人の子供たちは全て大学では日本語を専攻した。

慶州——日本人大学生の災難

一九九〇（平成二）年九月のことだった。総領事館に一人の日本人青年が訪ねてきた。長身の崔秉大よりさらに顔半分くらい背が高い。東京から来た大学生とのことで、話を聞いてみると次のような顛末だった。

三日前に関釜フェリーで釜山に到着し、その夜は港に近いホテルで宿泊した。翌日、慶州に向かったが、その時、釜山駅で三十歳くらいの若者と出会った。親しげに声を掛けてきて、どこに行くのだと尋ねられたので、慶州だと答えた。すると、自分も慶州に行くから一緒に行こうということになった。初めての韓国訪問だったので、心強いと思った。車中いろいろ話しかけられたが、ちょうど韓国語を勉強中で、片言ながら意思の疎通が図れた。年齢の話になり、「それじゃ、オレが兄貴でお前は弟だ。これからは兄弟だ」となり、すっかり意気投合してしまった。慶州では同じ宿を取り、部屋も相部屋とした。

翌日、宿に手配してもらった車で慶州内を観光して回った。その時、兄貴が「ここは韓国だからきょうの観光は韓国人のオレに任せろ。必要な支払いもオレがやるから、財布を預かっておこう。ついでに、リュックもお前のは重そうだから、オレの軽いのと交換してやろう」と言った。今から考えると変なことだったが、なにしろ韓国語でまくしたててくるから、すっかり相手のペースにはまり込んでしまったようだ。

一通り観光が終わり、釜山に戻ろうと慶州駅に到着した段になって、兄貴が「ちょっと用を足してくるから、ここで待っててくれ」と言ってその場を離れた。一時間、二時間…。そこで、初めて騙されたことに気が付いた。所持金は別の場所に入れておいた二万円のみ。パスポートだけは肌身離さず持っていたので難を免れた。持っていた「地球の歩き方」を頼りに警察署に行って事情を話し、盗難届けを出したが、ただそれ限り。駅に戻り、鈍行列車の運賃を払ったら後は一泊分の宿代くらいしか残っていなかった。釜山では初日の夜と同じホテルに泊った。直ちに、総領事館に行ったが、もう業務終了で、通りかかった職員から、また明日くるように言われた。

そして、ようやく総領事館にたどり着いた、という次第だった。

こういった場合、総領事館では被害者の留守宅に連絡を取り、指定の銀行に送金してもらう方法を取るのだが、時間が相当かかる。所持金がほとんどゼロになった者にとってはそんなに待てない。そこで、崔秉大と一緒に対応した日本人職員が大学生の身分を確認した上で、個人的に貸してあげることになり、取り敢えずは一件落着となった。因みに、身分証明書をみると、「東京大学法学部二年生 佐藤久泰」となっていた。

ここで、崔秉大の出番となった。彼はしょぼんとなっている佐藤を元気付けようと、昼飯に連れ出した。まだ九月の暑い時期だったので、参鶏湯（サムゲタン）をご馳走してあげた。そして、夜の関釜フェリーの出航までかなりの時間があったため、自宅に連れて行った。折から、次女が日本から帰ってきたばかりのところだったので、若者同士、日本語で話が弾んだ。こうして元気を取り戻した佐藤はフェリーで釜山を発って行った。

彼からは帰国後、丁重な礼状が寄せられたことは言うまでもなく、その後、数年間は律儀に毎年、年賀状を送ってきてくれた。大学四年生の時は、「お陰様で国家公務員I種試験に受かり、北海道開発庁に勤めることになりました」とあった。

崔秉大はわがことのように嬉しかった。韓国は日本以上の学歴社会で、中央官庁の公務員になることがどれほど大変で、また、それがどれほど大きな社会的成功であるかを知っている崔秉大は、一期一会の出会いだったかもしれない佐藤を本当に誇りに思った。

佐藤久泰氏、後日談

ところで、私（筆者）はこのエピソードをまとめるに当たり、佐藤久泰なる人物に会ってみたいと思った。

当時の北海道開発庁は、現在は国土交通省の北海道局になっていることはすぐに調べがついた。そこで、そこに電話をしてみると幸いなことにすんなりとご当人に行き着いた。

「以前、釜山の日本総領事館に勤めておられた崔秉大さんからご紹介いただいたのですが」と切り出したところ、電話の向こうでは相当驚いているような気配だった。早速、面談の約束が取れた。

その数日後、私は新宿の喫茶店で佐藤氏と初対面した。

以下、ご本人に語っていただくことにしよう。

「いやぁー、お電話いただいた時は本当にビックリしました。それにしても、崔さんはよく私のことを覚えてくださっていましたね。だって、文通が途絶えてもう十年以上にもなると思います。というのは、私は役所勤めを始めて数年後に留学で二年間イギリスに行っていました。それを境にそれまで年賀状を出していた方たちとの遣り取りはパッタリと無くなってしまいました。

あの慶州での出来事ですか？　今思い出しても私を騙した男には腹が立ちます。しかし、同じ韓国人でも崔さんのような方もいらっしゃり、複雑な気持ちでした。あの時の崔さんのご親切は本当に身に沁みています。お金を貸して下さった日本人職員の方にももちろん感謝していますが、いわば同胞ですから、有難いという気持ちよりもご迷惑をお掛けして申し訳ありません、といった感じでした。

当時、私は韓国に興味があり、韓国語も少し勉強していました。そこで、韓国に旅行しようと思ったわけですが、まだまだ反日感情が残っているだろうと、半ば緊張して出かけたのです。そんな状況であのような目に会い、やはり日本はまだまだ韓国から許されていないのだなと感じましたが、その直後に崔さんと出会い、とても救われた気持ちになりました。

ところで、あの時、総領事館で芙蓉会とかいう日本婦人の集まりの会の会長をされている国田さんとおっしゃるお婆さんにお会いしました。崔さんが、私が詐欺にあったことを話されたところ、それはお気の毒にといってポンと一万円くださいました。あの国田さんのことも忘れることが出来ません。今はどうされているのでしょうね。

えっ、現在九四歳ですか！　いつまでもお元気でいてほしいですね」

なお、佐藤氏は現在、国土交通省北海道開発局の気鋭の若手官僚として活躍されている。

第五章　日韓ふたりの妻と養女

明子と慶子の訪韓

一九八一（昭和五六）年の春まだ浅きある日、日本の明子から崔秉大に電話がかかってきた。思いもよらないことだった。

「あのー、私、明子です。突然のことでビックリしたと思いますが、慶子が急にあなたに会いに行きたいと言い出して…。私、どうしたらいいか分からなくなって、お電話しました」

「………。それはまた突然のことだが、どうしたと言うんだね？」

「実は、あの子には、アナタのお父さんは交通事故で亡くなったの、と言い続けていました。でも、高校生になった頃にはうすうす感づいていたようです。それで、就職の準備をしているときに戸籍謄本を見て、自分が韓国生まれで、韓国には父親がいるということが分かったようなのです。今年の一月に二十歳の成人式を迎えたのですが、これを機会に韓国のお父さんに会いに行くと言ってきかないんです」

「………。本人が希望しているのなら、そうさせればいいんじゃないか。私はかまわないよ」

その年の十一月、明子と慶子は遂に釜山にやって来た。

到着した最初の二、三日は釜山駅近くのホテルに宿泊したが、その後は崔秉大の家に滞在することになった。それは、妻の玉子（オクジャ）がそうするように勧めたからだった。崔秉大は彼女と結婚する際、明子とのいきさつはすべて話してあり、彼女は了解済みだった。このときの明子と慶子の突然の釜山訪問についても玉子は事情をよく理解してくれた。

実は、このとき玉子は、後述する通り、難病のパーキンソン氏病と闘っていたのだった。にもかかわらず、彼女は広い心を示した。玉子という女性はそんな人間だった。明子と慶子がやって来れば、いずれ家族と対面させなければならないだろうと考えていた崔秉大は、四人の子供たちにありのままを話すことに心を決めた。

二人の到着が近づいたある日の夕餉で崔秉大は切り出した。

「実はな、近々日本から二人のお客さんがやって来て、しばらく我が家で滞在することになった。その二人というのはお母さんと同じ年頃の女の人と若い娘さんだ。

今までお前たちには話してなかったが、実はお父さんは日本にいた時、日本の女性と結婚していたんだ。しかし、事情があってもう大分前に別れた。今度やって来るのはその女性とその娘さんだ。つまり、お父さんの娘にもなるが、彼女は養女で、血は繋がっていない。お母さんはこれらのことは全部知っている。二人を家に呼ぶことになったのも、お母さんがそうしろと言ってくれたんだ。だから、お前たちも気持ちよく迎えてやってくれ」

子供たちにとっては驚天動地の話だった。食卓はシーンと静まり返えり、寂として声が無かった。その時、高校生の長男の均煥（キュンファン）が沈黙を破った。

「へぇー、うちの母さんは後妻だったのか！　それに、オレには姉さんがいたんだ。早く会ってみたいもんだなー」

重苦しい空気を破ろうと、長男としての精一杯の努力だった。しかし、三人の娘たちはそういう訳には行かなかった。

その夜、長女の光先（クワンソン）、次女の光熙（クワンヒ）、三女の光順（クワンスン）は一つの部屋で枕を並べた。自分たちはどのようにしたらいいかを話し合おうとしたのだが、余りのショックで三人とも頭が回らなかった。結局、次女の光熙が、自分が最も慕っている義理の叔母（母親の弟の妻）に相談することになった。

「まぁー、お義兄さんがそんな話を持ち出したの！　そりゃ、あんたたちはショックだっただろうね。一番感じやすい年頃だもんね。それで、あんたたちはその人たちに会ってもいいと思っているの？」

「それが、どうしたらいいか分からないの。だから、こうして義叔母さんに相談しているんじゃない」

「そうねぇー、気が進まないなら無理に会わなくてもいいんじゃないの。会ったってお互いに気まずい思いをするだけだろうからね」

「でも、会いたくないなんて言えば父さんは怒るだろうし…」

「直接言えないんだったら、手紙を書いてあんたたちの気持ちを伝えたらどう？」

ということになり、娘三人の連名の手紙を父親の枕元に置くことにした。

「お父さん、日本から来たオバサンと娘さんと一緒に日本に行かないで下さい！」

さあ、それを読んだ崔秉大はカンカンになり、中学生や小学生のお前たちがこんな手紙を書けるわけがない、これは、義叔母さんが入れ知恵したんだろう、と言って、彼は義妹に、余計な口を挟まないでくれ、とねじ込んだ。

さて、その日――。

明子と慶子が崔秉大の家の玄関に入った時、すでに身体が不自由になっていた玉子は車椅子に座ったままで出迎えた。彼女の病状を聞かされていた明子は、玉子のその姿を見るなり彼女に駆け寄って肩を抱き寄せた。

「まあ、まあ、こんなになって、お気の毒に……」

二人はしっかりと手を握り合い、後は言葉にならなかった。玉子はただ頷くばかりだった。

明子は崔秉大の家に滞在中、なるべく玉子に接しようと努め、彼女の手や足を揉んであげた。その様子を眺めていた三人の娘たちは複雑な心境だった。

慶子の方はと言うと、この時点ではまだ自分が養女であることを知らず、両親は何か事情があって別れたものと考えていた。そして、崔秉大と明子を実の父親であり母親だと信じていた。

　しかし、正直なところ、再会と言っても幼児の頃の記憶はまったく無く、実際は初対面のようなもので、感激よりも戸惑いの方が大きかった。なにしろ、自分には父親はいないと教えられていた。それが、ある日、自分は韓国生まれで、韓国に父親がいるということを偶然に知った。しかも、その父親は韓国人の女性と再婚し、子供もいるというではないか。頭が混乱し、なにがどうなっているのか分からなかった。

　それでも、やはり父親には会いたかった。長年、母子家庭で育てられてきた反動から父親というものに甘えたかった。

　崔秉大の家に滞在中、彼が仕事を終えて帰宅すると、

「お帰りなさい、パパ」

と真っ先に玄関に出迎え、上着を脱ぐのを手伝ったりした。

　そんな夜、三人の娘たちは――。

「なによ！　お帰りなさい、パパ、だって！　なにも、あんなわざとらしいことしなくってもいいじゃないよねー」

「でも、あのひと、背が高くってスラリとしていてカッコいいわねー」

「それに、服装も垢抜けしていて…。ちょっとしゃくだけど綺麗だわねー」

「ちょっと父さんに似ているところもあるし…。もしかしたら、実の娘かもよ」

「まさか！」

彼女たちの心境はますます複雑になっていた。

しっくりしない雰囲気を察知した崔秉大は娘たちに言った。

「お前たち、あの子は可哀想な子なんだよ。本当のお父さんもお母さんも知らないんだから。そのことを考えたらお前たちは幸せなんだぞ。まあ、今、お前たちのお母さんは病気であんなになっているが…」

「………」

三人は黙るしかなかった。

明子と慶子の釜山滞在中、崔秉大は二人を慶州や海雲台に案内した。慶州で慶子は初めて韓国の焼き物に触れ、白磁の美しさに魅せられた。海雲台では屋台が通りに沿ってずらりと並んでいる光景が珍しく、中に入りたいと言ったが、許してもらえなかった。それでも、初めて経験する両親との旅行に心が弾んだ。

日帰りの温泉旅行も楽しんだ。この時は玉子も一緒だった。体の不自由な彼女を明子と慶子が助け、洗い場では明子が玉子の背中を流してあげた。

〈言葉は通じなくとも二人の心は十分に通い合っているんだわ〉

と、横で見ていた慶子はほほえましく思った。この時、明子は自分で編んだ毛糸の下着を玉子にプレゼントし、大喜びされた。

崔秉大は慶子を総領事館にも案内し、主だった館員に悪びれもなく、むしろ誇らしげに紹介した。

「日本にいる娘です」

「………」

紹介された館員たちは、鳩が豆鉄砲を食ったような顔をした。総領事館内はたちまち慶子の話でもちきりになった。

「崔さんには日本に住んでいる娘さんがいたんだって！」

父と娘として対面する機会など来るとは思ってもいなかっただけに、慶子は崔秉大のそのような振る舞いを嬉しく思い、親子の情愛を感じた。

〈やっぱり釜山にやって来て良かった！〉

数日間の滞在が終わり、明子と慶子が日本に戻る日がやって来た。その前夜、慶子は崔秉大と明子の前でひとしきり泣いた。拭っても拭っても涙が止まらなかった。しかし、別れが辛くて泣いたのではなかった。

自分の母親と別れた父親は別の家庭を持ち、親子六人、幸せそうに暮らしている。妻となっている人は気の毒に病気だが、それとて慶子には幸福な家族の絆を強めるものとして映り、羨ましかった。

〈母親さえ離婚していなければ、親子三人、こんな生活が送れたはずなのに…〉

そんな想いから来る涙だった。

翌日、二人は空路、釜山を発って行った。崔秉大は十八年前、釜山港で二人を見送ったときのことを思い出した。

〈見送ったり、見送られたり…。これもオレの人生か〉

妻の闘病と死

結婚して十五、六年経った頃、ある日突然、玉子の右足の指がピクピクと軽い痙攣を起し始めた。病院に行ったところ、「後でご主人に来てもらってください」とのこと。

翌日、出勤途上に病院を訪ねた崔秉大に担当医は言った。

「奥さんはパーキンソン氏病です。非情に難しい病気です」

「………。治せる方法は無いのでしょうか?」

「L・ドーパという薬がありますが、とても高価なものです。手術という手段もありますが、残念ながら現在の韓国では技術が十分ではありません」

この時から崔秉大夫婦の苦難の道が始まった。まだまだ養育と教育が必要な四人の子供がいる。ようやく生活が安定し始め、仕事にも専念出来、充実した日々を送っていた崔秉大には降って湧いたような不幸だった。

しかし、結婚以来ひたすら尽くしてきてくれた妻の健康をなんとしてでも取り戻してやりたい。その一念から、彼は決心をした。手術を受けさせるために妻を日本に連れて行くことにしたのである。日本の知人を通じて東京の専門医を紹介してもらった。保険がきかないため、莫大な費用がかかることが分かったが、そんなことは問題ではなかった。妻の長期滞在のビザを取得すると共に、総領事館から一ヵ月の休暇の許可を得て二人は日本に発った。

手術は、脳に穴を開けて電極を埋め込む深部脳刺激術（Deep brain stimulation therapy,

DBS）と呼ばれるものだった。効果はてきめんに現れ、足先の震えはぴたりと止まった。玉子はもうこれで治ったと思い、大感激だった。一ヵ月間一緒に病院に泊り込んで看病を続けた崔秉大は担当医を始め、物心両面にわたって支援してくれた友人たちに心から感謝した。苦労は報われた、と思った。後日、お礼の意味から担当医を釜山に招待までした。

ところが、一年ほど経った頃に今度は反対側の足に震えが出始めた。驚いた崔秉大は東京の担当医に電話し、状況を伝えたところ、「それは当初から予想されたことですね」との意外な返事だった。

〈それなら、そうと最初からどうして言ってくれなかったのだ！〉

崔秉大の落胆は大きく、担当医に対する不信が募った。

その後、病状は徐々に進んで行った。もう猶予はならなかった。崔秉大は再び決心した。調査したところ、ソウルの大学病院で東京の病院と同様の手術が出来るとのことだったので、早速、そこに入院させることになった。

この時、崔秉大は最悪の事態を覚悟して旅支度に取り掛かった。

〈玉子はひょっとすると、もうこの家には返って来れないかもしれないな〉

そう思いながら旅行鞄に身の回りの物を入れようとしたが、涙があふれ出てきて支度が捗らなかった。その様子を見ていた次女の光熙は、当時まだ小学生だったが、子供ながらも容易ならざる事態を感じ取り、父親のそばに行き黙って準備を手伝った。

そして、二度目の手術――。

手術室の前で待機していた崔秉大はジリジリとした。東京の病院に比べると余りにも時間が長過ぎるのだ。

〈やはり、技術が劣っているせいだろうか?〉と不安がよぎった。

とにかく手術は終わり、玉子は手術室からストレッチャーに乗せられて出てきた。

退院後、様子を観察していると症状は一応収まっているようだった。ただ、あの手術の時間の長さが気になって頭から離れず、医療機関に詳しい友人にそのときの状況を話した。

友人が調べてくれたところ、玉子の手術の際には多数のインターン生が立ち会っていたとのこと。どうやら、彼らの研修に利用されたらしい。そういうことはよくあるとのことだったが、崔秉大は疑心暗鬼になり、玉子が可哀想でならなかった。

ところで、小学校時代の親友、銭本が夫婦で崔家を訪れたのは、ちょうどその頃のことだった。

情に厚い銭本は、四十年来の友人の妻の病状を目の当たりにして胸を痛めた。帰国した翌日、旅行の疲れをものともせずに崔秉大の上司である総領事に手紙を認めた。総領事からその手紙のコピーを手渡された彼は銭本の友情に接し、目頭が熱くなった。

友を思い遣る手紙の内容は次のようであった。

新年おめでとうございます。

総領事、奥様のご健勝を心からお祈り申し上げます。

今般の韓国友人訪問に当たりましては、年末ご繁忙の中、わざわざお会い下さり恐縮に存じます。小学校時代の友人が日本総領事館に勤務し、日韓親善の架け橋として活躍している姿を現地で見たのは本当に一つの感動でございました。

釜山には三日まで滞在し、崔氏宅も訪問、姜玉子夫人、三人のこどもたちとも会い、ともども四十年の空白を埋めるのに楽しい時を過ごすことが出来ました。

おかげ様で深い感動を心に宿し、三日午後、無事日本へ帰国いたしました。

ただ、悲しいことは、姜玉子夫人がパーキンソン氏病で病床にあり、すでに身体の自由、言語すらも失い、実に重篤な状況にあることを知ったことでございました。

全く反応も示し得ぬ母の手をとり、なすすべもなく、ただ腕、足腰のマッサージを続ける中学生の末娘の姿に私たちもただ涙を流すばかりでございました。この難病に韓国では治療態勢も整備しておらず、いまとなってはただリハビリ訓練に希望を託すほか道はございませんが、韓国ではまだその施設もないようでございます。

崔氏は、この不幸を十年も耐え、がんばっていると申します。プライベートなことで迷惑をかけたくない、と繰り返し夫人の病を話題から外そうとしました。少年の頃から私事を顧みず公につくす心の厚い人物でございました。今見る姿も昔日のままの気性であります。

総領事館におかれましても十分、崔氏の家庭事情はご承知のこととは存じますが、あえて現況を見たまま総領事にお伝えし、ご理解と何分のご温情を賜りたくお願い申し上げます。初対面の身、いきなりこのようなお願いを申し上げる無礼を何とぞお許しくださいますように。ただ、座視出来ぬと思った強い感情がこの手紙を書かせました。

私は私なりの努力をいたし、なんらかの救援を考えたいと存じますが、実のところ何をどうすればよいか、全く方策がつかめぬ状態でございます。こちらのリハビリ専門医、機関とも相談の上、何らかの道を見出したいと存じます。その節はなにとぞお力添え下さいますようお願い申し上げます。

厳寒の砌、総領事、奥様のご健康をお祈りいたします。

敬具

銭本三千年

一九八四年一月四日

在釜山日本国総領事館

総領事　吉田喜久夫様

だが、周囲の人々の善意と支援にもかかわらずパーキンソン氏病は着実に玉子の身体を侵蝕して行った。その頃になると、病状は最重度の「第五度」に達し、介助なしには歩行も出来ず、ベッドの上で動くことも出来なかった。表情というのもまったく無くなり、それどころか、初めての人が見ればギョッとするほど険しい顔つきになっていた。

そんな状況にあったある日、総領事館の崔秉大に電話がかかってきた。お手伝いとして雇っている娘からだった。慌てふためいた声で、奥さんが大変だからすぐに戻ってほしい、とのことだった。大急ぎで帰宅すると、玉子はベッドで昏睡状態に陥っており、枕元には睡眠薬の瓶が空になっていた。懇意にしている医師が駆け付けてきて、胃を洗浄してくれたお陰で一命は取り止めることが出来た。

「あと一時間、私の来るのが遅かったらダメだったでしょうね」

医師からそのように言われた崔秉大は玉子がいっそう不憫になると同時に、自分が悔しかった。

〈オレの力が足りないばかりに…〉

その頃、次女の光熙が大学の卒業旅行でベトナムに行くことになり、連日、期待に胸を弾ませながら友人たちと準備に取り掛かっていた。出発が数日後に迫ったある夜、彼女はとても怖い夢を見た。それは現実の世界と重なっており、ベトナム旅行に出発する間際のことだった。空港に集合していたグループがクマに襲われ、光熙だけがクマに噛み付かれ腕に大怪我を負った。楽しそうに飛行機に乗り込む友人たちに向かって「待ってぇー」と必死になって叫んだが、だれも振り向いてくれなかった。

翌日、友人の一人に夢の話をしたところ、「あなた、ベトナムに行くのは止したら！」

と言われた。

そして、現実の出発の日がやって来た。飛行機は早朝に出発するため光熙は夜中に起きて、準備に取り掛かっていた。その時、母親がトイレに行きたいというので手伝った。ベッドに戻して暫らくするとまた行きたいと言った。三回目に呼ばれた時、光熙はさすがに我慢ができずに、「今、忙しいんだからちょっと待ってよ！」と邪険に言ってしまった。それから十数分後、母親の部屋でドスンという大きな物音がした。ハッとして行ってみると母親がドアのところで倒れていた。驚いた光熙が家中を叩き起こした。みんなで力を合わせて母親をベッドに戻したが、最初の二回とは明らかに様子が違った。顔は真っ青になっていて、呼びかけてもなんの反応も無かった。

「お気の毒ですが、みなさん準備を始めてください」

駆けつけた医師が静かに告げた。

時に一九八九年十二月十九日、玉子、享年五六だった。

崔秉大は強ばった玉子の顔に手をやり、静かに撫でた。

〈長い間、辛かっただろうな〉

思えば、玉子は自分に尽くすためだけに生まれてきたようなものだった。最初の日本人の妻と不本意な別れ方をし、傷心の日々を送っていた自分のところに全てを了解して嫁いできてくれた。そして、けなげに仕えてくれ、一男三女をもうけてくれた。さあ、これから妻として、母としていろいろやろうとしていた時に不治の病に襲われ、苦しい闘病生活を十年以上も送った。絶望の余り自ら命を絶とうとしたこともあった。さぞ、無念だっただろう。しかし、四人もの子供を育ててくれ、みんなそれぞれ立派に成長した。それは、一人の女性として大いに誇るべきことであり、それをせめてもの慰めとして安らかに眠ってほしい。

崔秉大は玉子の過ぎし人生に思いを馳せ、ただひたすら心安らかに旅立ってくれることを祈った。

母娘の想い

私（筆者）は縁あって崔秉大氏の一代記を執筆することになり、同氏の人生の歩みについて順を追って話を聞かせてもらい、そして、多くの人々との出会いについて語ってもらった。

それらの登場人物の中で特に私が惹かれたのは、言うまでもなく、本書の第二の主人公ともいうべき明子さんと養女の慶子さんだった。とりわけ、このような表現を許していただけるなら、〝数奇な星の下〟に生まれた慶子さんの存在には心を揺さぶられた。私は是非とも二人に会って、直接話を聞きたいと思った。幸い、崔秉大氏の口添えで、昨年の晩秋のある日、面談が実現した。

明子さんは、おっとりした中にも芯の強さを窺わせる方だった。私が最も尋ねたかったことに対して、さほど感情に左右されることもなく、淡々と語ってくれた。

「崔さんから呼び寄せられて釜山に渡った時のことですか？

そうですねー。私は生まれつき呑気というか、ものごとをすべて楽観的に考える性質で、なんの不安もありませんでした。両親も心の内はどうだったか知りませんが、一言、『体に気をつけて』と言っただけでした。姉が友人を招いて送別会を開いてくれましたが、周囲の人たちの心配をよそに、私は初めて外国に行くということにウキウキしていました。

ま、崔さんに付いて行けば大丈夫だろうと考えていたのでしょう。私のようなタイプを〝猪突猛進〟と言うのでしょうね（笑）。

でも、むこうに到着してみて、現実の厳しさを思い知らされることになりました。それと、子供を産めない体になっていたことを心から悔やみました。私が普通の体だったら、あれだけ周囲から責められることもなく、そのまま韓国に残っていたと思います。

でも、結局のところ、日本に戻ってくることになりました。

あぁ、その時のことですか？

あの時、私と慶子は文字通り着の身着のままで帰国しました。四年間の辛かった生活に訣別するつもりで一切のものを、思い出となる写真も含めて何もかも処分してしまったからです。僅かに手元にある当時の写真は、後から崔さんにもらったもので、写真をなくしたことはやはり後悔しています。

崔さんと巡り会った自分の人生を振り返って、ですか？

そうですねー。あのように大らかで、竹を割ったような性格の人はそうそうはいないと思います。それに人を温かく包み込んでしまう、包容力と言うのでしょうか、それを持った人でした。照れ屋でしたから、甘い言葉はまったく言ってくれませんでしたが、行動で愛情を示してくれました。

一緒になった昭和二十年代の後半、まだまだ貧しい時代でした。学生でアルバイトをしながらの生活でしたが、私には一切お金の苦労はさせませんでした。

特に忘れられないのは、私が中絶の手術を受け、出血が止まらなくなった時のことです。私をおんぶしてお医者さんに連れて行ってくれました。行き交う人が驚いたように振り向くほど、崔さんは張り詰めた表情をしていたのだと思います。その必死の様子が背中を通してひしひしと伝わってきました。崔さんの大きながっしりした背中に全身を委ねていた私は、自分の体は今とても危険な状態であることを知りながら、なんとも言えない幸福感に包まれていました。

あの時の私たち二人の間には民族の垣根といったものはありませんでした。そこには一組の男女の愛だけがしっかりとありました。

そんな崔さんでしたが、意外と要領がいいと言うか、ちゃっかりしたところがありましたね（笑）。大学の卒論を準備しなければならなくなったのですが、必要な資料なんかは全部、仲の良かった友人に集めさせ、適当に作文したものを私に清書させるといった具合でした。また、大学の雰囲気も味合わせてやろうと言って、無理やり講義に連れて行かれたりしました。お陰で私も大学生になった気分でした。当時はまだまだ女性の大学生は少なく、とても誇らしく思いました。

それから、私が一人のときは淋しいだろうといって、シェパードを飼ってくれました。あの頃、シェパードなんてお金持ちの家しか飼えませんでしたよね。

質素な借家住まいの身分にシェパード……、本当に楽しいことばかりで、私の人生におけるつかの間のメルヘンの時代でした。

今は、辛かった時のことも辛かったとは思えず、楽しかった時のことばかりがいい思い出として残っています。そんな思い出を私に与えてくれた崔さんとの出会いに私は悔いはありません。」


一方、慶子さんの方は、本文でも記述した通りスラリとした長身で、色白の魅力的な女性だった。

「あの再会のときのことは、率直に言って、すごく感動したというほどでもなかったような気がします。なにしろ、三十年近くも前の話ですから、あまり覚えていない、というのが正直なところです。冷淡と言われればそうかもしれませんが…。

でも、有難いことにアボジ（お父さん）は今でも実の娘のように接してくれていますので、私も実の父だと思っています。

自分が養女だということを知ったのは、釜山を訪問した二、三年後のことだったと思います。戸籍には一切、養女とは記載されていませんでしたから、自分が養女だなんて夢にも思ったことはありませんでした。

その頃、母とちょっとした感情の行き違いがあり、私がしばらく家に帰らなかった時期がありました。そこで母は、私が養女ということを知って荒れていると思い込んだようです。でも、私にとって養女という事実はそれほどショックではありませんでした。ま、それなりに少しは悩みましたが、今では何をどう悩んだのか記憶が確かではありません。自分で言うのも変ですが、その辺り、私は意外と強いようです（笑）。

それよりも、民族差別の方が堪えますね。時代も変わりましたから、以前と同じようなことは起きないでしょうが、まだまだ、韓国人、朝鮮人に対する日本人の感情は以前と変わらない部分があるように感じられます。日本の人たちは自分自身がなにかされたわけでもなく、その時代に生きていたわけでもないのに、周囲の大人たちの言葉を鵜呑みにして、ただ差別する。これは人間の悲しい性なんでしょうか？

なぜ、若い人たちまでが親と同じ感情を持つのか、不思議に思うことがあります。私の子供にはそうなってもらいたくないと強く思うのですが、私自身が時々、韓国人や朝鮮人を心の中で排除していることがあります。その時、その時で都合よく日本人になったり韓国人になったりしているんですね。そんな自分が嫌いになることがあります。

私自身、自分が日本人なのか韓国人なのか、いまだに分からなくなることがあり、大いに悩みます。このような境遇に生まれ育った者の宿命なのでしょうか。

でも、私は、私を生んでくれた親に感謝しています。その親が誰なのか分からないことは今となっては問題ではありません。ただ、自分が生まれた場所だけはこの目で見ておきたいという強い気持ちがあります。その後、何度か釜山に行きましたが、いつも時間的な余裕が無く、いまだにそれは果たせていません。でも、いつの日か実現させたいと念願しています。

次に、今の母に感謝しています。写真を見たところ生後二ヶ月くらいのようですが、その私を選んでくれたことに感謝しています。いつだったか、母に、どうして私を選んだのか尋ねました。

『とても可愛かったからよ』

とだけ母は答えました。そのとき私は、私と母は見えない強い糸で結ばれていたのだなと感じました。

赤ん坊の頃、私は胃腸が弱くて育てるのが大変だったようですが、その私を日本に連れて帰ってくれたことにも感謝しています。私だけを置いて帰ることも出来た筈ですから。

日本に帰った後、祖父母に大切に育てられたことにも感謝しています。また、母の兄弟姉妹も自分の娘のように私を見守ってくれたことに感謝しています。

そして、私にも家族が出来ました。いろんな人の助けがあって、今の自分があることを改めて感じています。

私が生まれたとき、きっと今の母とアボジに育てられると決まっていたのでしょう。これら全てが私の運命なのでしょうね。

もっとも、私は、昔は運命なんて信じていませんでした。でも、自分の家庭を持ち、夫が若くして亡くなり、息子もまた私と同じように母子家庭で育つことになったという事実に直面したとき、これらのことが運命でなくてなんなのだろうと思うようになりました。

このように自分を振り返ったり、見つめ直したりしていると、やはり私は周囲の人たちによって生かされていると感じます。自分の意志で生きていると思うのは、私の錯覚なのでしょうね。

そういうことで、母とアボジにはありがたいと思っています。ただ、その感謝の気持ちを素直に二人に伝える勇気が無いのを申し訳なく思っています。

申し訳ない、と言えば、私はアボジの四人の子供たちに対してもそのような気持ちを抱いています。戸籍の上では、私はれっきとした長女で、あの子たちの姉になります。

その後、私一人で数回、アボジを訪ねて釜山に行きましたが、その都度、アボジの家に泊めてもらいました。今から思えば、そんな時、あの子たちは複雑な心境だったでしょうね。『また来ている！』と思っていたことでしょう、きっと。

当時、私は、韓国に旅行ができる嬉しさから、相手の気持ちを汲み取るだけの度量に欠けていました。少しでも韓国語を覚えて行って、子供たちと積極的に話をしようと努力するべきだったと今になって反省しています。

ただ、一度だけ、ここに居残って韓国語を勉強しよう！　と考えたことがありました。その時、私は、やはり無意識のうちに自分のルーツを求めているのだなと思いました。

あの時、そうしていれば私の人生もまた違った方向に進んでいたでしょうね。

そのように迷っていた時に日本の母から電話があり、いつ帰ってくるのかと聞かれ、途端に母が恋しくなり、あっさりと韓国留学を諦めました（笑）。

結局、〝生みの親より育ての親〟の方が強かった、ということなのでしょうね。

とは言え、母との関係においては微妙なところもあります。

生前の夫から一度こんなことを言われました。

『お前はお母さんにすごく気を遣っているね』

それから、二年ほど前に息子にも言われました。

『ママって、お祖母ちゃんにすっごく気を遣うよね。なんで？』

まだ年端も行かない子供からそんなことを言われ、ハッとなりました。自分ではそんなに気を遣っているつもりはないのですが…。

私の小学校、中学、高校時代を通して母は私を育てるためにがむしゃらになって働いてくれました。それに躾にもとても厳しいでした。子供の頃、私が言うことをきかないと裁縫に使う物差しでぶたれたこともありました。

高校生になって、周囲の友達の多くが喫茶店でアルバイトをしていたので、私もやりたいと言ったところ猛烈に叱られ、反対されました。そして、そんなにアルバイトをしたいのならと言って、近所のガソリンスタンドで洗車の仕事を見つけて来てくれました。おまけに監視の意味もあったのでしょうか（笑）、私と一緒になって長い洗車用のブラシで背伸びをしながら大きなトラックのボディをごしごしとやっていました。

私はそのような母の愛情を素直に受け入れることが出来ませんでした。年齢的に難しい年頃でしたから、よく衝突もしました。そんな時、感情的になった母から、

『誰のために寝ずに働いていると思っているの！』

と、よく言われました。そういったことの積み重ねから、母に対して気を遣う言動が知らず知らずのうちに外に出ていたのでしょうね。

そう言えば、夫にはこんなことも言われました。

『お前って時々とても哀しい顔をするよね』

自分がその時どんな顔をしていたのか分かりませんが、周りの人から見ると独特の雰囲気を醸し出していたのかもしれませんね。

その夫はついに私が養女であることを知らずに亡くなりました。一度、みんなで釜山のアボジに会いに行こうと話し合っていたのですが、それもとうとう実現しないままに

終わってしまいました。それがとても心残りです。」

面談を終えて東京に戻る列車の中で、私は慶子さんの話を反芻していた。私に語り続ける彼女の顔が、時には淋しさ、時には諦め、時には幸せの表情を見せていたことに改めて感じ入りながら、〝運命の人〟とも言うべき慶子さんの人生の機微に触れた思いがした。

第六章　芙蓉会のお婆さんたちと

一九九四（平成六）年十二月、三十年近くに及ぶ勤務に終止符を打ち、崔秉大は日本総領事館を定年退職した。

それからちょうど十年を経た二〇〇四（平成十六）年、彼は日本の社会貢献支援財団より「社会貢献者賞」を受賞することになった。この賞は人命救助などで社会的に功績のあった人々を発掘して顕彰しようとするもので、この年は二二二件の中から二九件が対象となり、崔秉大がその中のひとりとして選ばれた。

左に掲げるのは、その受賞理由である。

崔さんは、一九六五年、在釜山日本国総領事館開設の翌年、最初の現地職員として勤務し、反日感情の渦巻く中で、約三十年間、領海問題や、主として慶尚南北道の在留邦人保護活動に従事した。韓国では、終戦前後に韓国の男性と結婚し夫の国で生きることを選んだ日本女性が、戦後、反日感情の強い同国の厳しい状況の中で困難な暮らしを余儀なくされていた。崔さんは、老齢・貧困の在韓日本婦人の保護、支援活動を手弁当で行い、老婦人や韓国の関係者と強い信頼感で結ばれた。一九八〇年の光州事件では、危険を冒して邦人を救出し、時の大来外務大臣から表彰された。一九九四年、総領事館を退職したが、在韓日本婦人（平成十四年―二七〇人、釜山芙蓉会調）の社会で崔さんは無くてはならない存在となり、老婦人の日々の相談事への対応、粗暴者の婦人に対する嫌がらせ等の処理、婦人及び二～三世の在留・出入国に関する入管との仲介などの支援を行ってきた。現在、芙蓉会（日本婦人会）と慶州ナザレ園（日本婦人養老院）の強い依頼で、各々の顧問（無給）を務める。日本婦人にとって、何かあったら芙蓉会があり、体の自由が効かなくなったら、最後にナザレ園があるという、心と暮らしの支えになっている。因みに一九九一年再建立された釜山市立公園内の釜山日本人墓地（安置者一五〇四人）は、同氏の努力と釜山市の好意によって造られたものである。その他、釜山広域市韓日親善協会副会長として、日系婦人支援の様々な活動を行っている。

（社会貢献支援財団ホームページより、原文のまま）

これを読む限り最大の受賞理由は、ひとえに恵まれない在韓日本婦人の支援に対する貢献である。崔秉大が日本総領事館在勤中に果たした役割は「第四章」で述べたとおり数々あるが、その中でもこの貢献がいかに光っているかを物語っている。

では、崔秉大が「社会貢献者賞」を受賞するに至った背景はどのようなものだったのかを以下に見てみたい。

まず、これらの日本婦人がどんな経緯で「終戦前後に韓国の男性と結婚し夫の国で生きることを選んだ」のか、また、どんな理由で「戦後、反日感情の強い同国の厳しい状況の中で困難な暮らしを余儀なくされた」のだろうか。

かいつまんで言うと、こうである。

戦時中、朝鮮半島から大勢の若者が日本に渡ってきた。中には勉学が目的の者もいたが、大半は労働力として徴用された者だった。一方、日本の若者は戦場に駆り出され、国内に残っている男子は少なかった。そのため結婚適齢期の男女の数は非常にアンバランスだった。そういった状況から、必然的に朝鮮人男性と日本人女性が結ばれることになった。

しかし、当時、朝鮮は〝日本国〟であったし、〝内鮮一体〟が奨励されていたわけだから、両者の結婚はそれほど特別のことでもなかった。事実、それらの日本人女性の多くは、自分の相手は日本国民だと思っていた。

そこに終戦がやってきた。日本にとっては敗戦であり、朝鮮にとっては解放であった。そこで、当然のこととして朝鮮人の夫は帰国すると言い出した。ここから、彼女たちの悲劇が始まったのである。

結婚した以上、夫に従うべきだと考え、夫と行動を共にした女性が主流だったが、中には日本に残ることを希望した女性もいた。しかし、子供のいる女性はそうはいかなかった。不本意ながら子供と一緒に夫に従って朝鮮に戻らざるを得なかった。

そのようにして朝鮮に渡った日本人女性の数は、当時の婚姻数から推定すると五千人くらいと言われている。

だが、夫の国ではさらなる試練が待っていた。終戦直後のことだから彼女たちは周囲から敵愾心に満ちた視線を浴びせられ、いじめられた。頼みの夫にまで邪魔者扱いにされ、挙句の果てに家から追い出された。その上、夫が勝手に死亡届を出したため籍から抹殺されてしまい、無国籍状態になってしまった（「第四章」で取り上げた気の毒なお婆さんも、こうだったのかも知れない）。

また、実は夫には本妻がおり、子供までいることが分かった。家にいづらくなり、働きに出ようと思っても朝鮮語が話せない彼女たちはそれもままならず、居場所を失ってしまった。結局、家を出てひとりで掘っ立て小屋に住まざるを得なかった。掘っ立て小屋ならまだいいほうで、橋の下や洞穴に住むという乞食同然の悲惨なケースもあった。

もちろん、まともな夫もおり、貧しいながらも平穏な暮らしを送っていた。ところが、突然、朝鮮動乱が起き、夫は戦場に出て行って命を落としてしまうという悲劇もあった。

そのような諸々の不幸にもめげず、日本人妻たちはただひたすら子供の成長を願い、必死になって子育てに自分の人生を捧げた。そして、ようやく子供たちも成人し、結婚するまでになった。ところが、息子の嫁たちは反日教育を受けた世代である。日本人の姑を敵視して邪険に扱い、ついには面倒を見ることをしなくなった。息子は、自分の母親が日本人であることに負い目を感じて助けようとしない。最後には息子にまで見捨てられてしまう場合も少なくなかった。

こうして、夫と共に朝鮮に渡り、予想もしなかった不幸に見舞われた日本人女性が多く生まれたのだが、そのような彼女たちにとって拠り所となったのが「芙蓉会」であった。

李承晩政権が倒れ、朴正熙大統領の時代になって反日感情がやや緩和され、在留日本人の里帰りも許可されるようになった。そして、一九六四（昭和三九）年四月、ソウルに日本人の相互扶助を目的とした「在韓日本婦人会」が立ち上げられ、その二年後の一九六六（昭和四一）年に「芙蓉会」と名前が改められた。名付け親は李朝最後の王妃の李方子（イ・バンジャ）だった。

李方子はよく知られているように、日本の皇族である梨本宮家の出身で、李朝末期の国王である高宗の三男、李垠（イ・ウン）殿下に嫁いだ。当時の〝内鮮一体〟の象徴的な政略結婚だった。身分こそ違うが、同じ朝鮮人の夫を持った日本人女性として、李方子は自ら芙蓉会の名誉会長を引き受けた。

芙蓉会はソウルと釜山に本部が置かれ、ソウル本部は日本大使館、釜山本部は釜山の日本総領事館の管轄下でそれぞれ独自に活動を行っている。なお、釜山本部の下に大邱、馬山、浦項の各支部がある。

さて、本章ではこの芙蓉会釜山本部にスポット・ライトを当てることにしたいが、そうするにはその存在を無視することができない人物がいる。

その人物とは、会長の国田房子である。一九一五（大正四）年、愛媛県西条市生まれ。戦前、漢方薬の研究で日本に留学していた朝鮮人青年と知り合い、恋におちいった。交際が両親に知れたとき、「茨城県出身の人」と嘘をつき、彼の言葉の訛りを誤魔化した。しかし、いずれは結婚をと考えていたので、正直に両親に打ち明けた。その頃には両親も娘の交際相手がなかなか立派な人物であることを認めていたので、結婚はなんとか許してもらえた。そして、終戦一年前に釜山に渡たり、ずっとそこに住み着いた。夫は事業に成功し、家庭は裕福だった。七人の子宝にも恵まれ、前述のような多くの日本人女性とは対照的に幸せな境遇だった。

とは言うものの、当初は苦難もあった。大の日本嫌いだった李承晩は日本人の妻を日本に追い返そうとした。国田も所轄の警察署に呼び出された。長男を背中に負い、夫と一緒に出頭すると、そこには国田と同じような韓日の夫婦が沢山来ていた。

「帰れと言うなら、いつでも帰りますよ。こんな国、いたいとも思いません！」

と、気の強い国田は啖呵を切った。

「お前は黙っていなさい」

と、温厚な夫は国田をたしなめ、ひとまずは引き下がった。

夫が一計を案じ、ほとぼりの冷めるまで国田と子供たちを親戚の家で預かってもらうことにした。あのとき、一緒に警察に呼び出された夫婦の中には泣く泣く別れた組も多くあったという。

このように夫の愛情と理解に支えられた国田は、周囲の気の毒な同胞女性を無視することができなくなり、

〈自分がなんとかしなくては〉

と考えるようになった。もともと男気があり、情の深い国田は使命感に衝き動かされたのである。

この時期、日本人妻たちは息をひそめてひっそりと暮らしていた。日本語を話すことさえ憚れ、町で行き会った女性が日本人だと分かっても話しかけることは避けた。学校に通い始めた子供が、自分の母親が日本人であることを隠そうとした。そういう日本人妻に出会うと、国田は彼女たちを慰め、励まし、なにかあったときは自分に会いに来るように誘った。さらに、「日本人の女性がいるらしい」との噂を耳にすれば、山奥であ

ろうと離れ小島であろうと、モンペ姿になってどこにでも出かけて行き、相談に乗ってあげた。次第に、国田を取り巻く日本人妻たちの輪が大きくなって行った。

崔秉大が初めて国田に出会ったのは、ちょうどそんな頃で、彼が日本総領事館で勤務を始めたのとほぼ同時期だった。と言うのは、日韓国交が正常化されたことに伴い、日本に永久帰国を希望する日本女性（その多くは芙蓉会の会員だった）が急増し、彼女たちの出国手続きの業務を崔秉大が受け持っていたからである。一方、国田が面倒を見てあげる会員たちの中には字の書けない人もおり、そんな場合、彼女が総領事館まで付添って来た。

親身になって対応してくれる崔秉大は、国田にとってこの上なく有難い存在だった。また、崔秉大も献身的な国田の姿に感銘を受け、二人はいつしか強い絆で結ばれるようになった。

しかし、彼女たちを帰国させる業務はすべて順調に進んだわけではなかった。まず、帰国希望者の身元調査から始めるわけだが、「第四章」の中の「在韓困窮日本婦人の救済」で述べた通り、作業は幾多の困難を伴った。ようやく身元が確認されると、次は日本国内の親族の追跡調査である。苦労の末、親族が見つかりホッと安心したのもつかの間、国元からは予想もしない拒絶が返ってきた。

「娘は周囲の反対を押し切って韓国に行ったのです。とうに親子の縁は切ってあります。それに、こちらも貧しく、受け入れるだけの余裕はありません」

一方、無事に帰国は果たしたものの、一度は祖国と家族を捨てた人間として周囲は冷たく、いたたまれず再び韓国に戻ってくる日本人妻も何人かいた。

〈韓国では〝チョッパリ〟といっていじめられ、日本では〝韓国帰り〟といって白眼視される。なんと気の毒なことか。それにしても、オレたちはなんのために苦労しているんだろう！〉

と、崔秉大は空しさを覚えずにはいられなかった。

特に、彼が胸を痛めたのは、母親とともに日本に戻ることになった小さな子供たちのことである。当然のことながら、彼らは日本語ができなかった。帰国前に少しでも覚え、日本の学校生活に早く付いて行けるようにと、崔秉大は総領事館の一室で日本語を教えた。自分の子供のときの辛さを味合わせたくなかったからである。

しかし、案の定と言うか、心配した通り、日本の学校でのいじめに耐えられず舞い戻ってくる子供もいた。

〈子供にはなんの罪も無いと言うではないか。彼らが母親の祖国で温かく迎え入れられ、立派に成人した暁には日韓の架け橋となって活躍してくれただろうに！〉

崔秉大は、いまや二人三脚の大切なパートナーとなった国田と共に悔しさを募らせた。

その国田は一九七三（昭和四八）年に釜山芙蓉会の会長を引き受けた後、自宅を芙蓉会の事務所に開放し、毎月二十日に例会を開いている。この月例会には毎回、二、三十人の会員が集って昼食を共にし、誰に気兼ねすることもなく日本語で語り合う。食事の世話は国田の長男の嫁が一手に引き受けてやってくれる。この嫁がまた親切な人で、会員のみんなから慕われ、頼りにされている。

時には、公園に弁当を持って行ったり、日本人墓地にお参りに行ったりして楽しく過ごす。特に、身寄りのない会員たちは、いずれ自分たちもこのお墓に世話になるのだという気持ちから、この墓参を精神的な拠り所とし、来たときには必ずきれいに掃除して帰る。崔秉大も時間の許す限り、月例会や墓参に付き合って彼女たちとの連帯感を保つことに心がけてきた。

国田は、三六年経った現在も九四才の高齢ながらかくしゃくとして芙蓉会釜山本部を引っ張ってきている。しかし――、

「同じ境遇を経験してきた私たちは実の姉妹同様で、同じ会員同士として助け合っています。でも、高齢化が進み、おのずと限界があります。会として活動できるのもあと数年でしょうね」

と、これまで心血を注いで大事に育ててきた芙蓉会の行く末を思い、国田はポツリと漏らした。

ここで、国田自身が作詞した芙蓉会の主題歌をご紹介したい。

「芙蓉の花」

作詞　国田房子
作曲　田村　洋

一、薄桃色した　芙蓉の花は
今も昔も　変わらぬままに
こころ優しく　咲いている
芙蓉の花よ　心の花よ

二、優しき花びら　芙蓉の花は

永遠の誓いと　願いを込めて
明日を信じて　生きる道
芙蓉の花よ　心の花よ

さて、崔秉大が芙蓉会のお婆さんたちのお世話をしてきた中で最も喜ばれ、生涯の思い出となったのは一九九六（平成八）年の秋に十七人の会員たちと九州の温泉に旅行したことである。このお婆さんたちの多くは戦後一度も日本に帰れなかった人たちで、崔秉大は以前から何とかして彼女たちのために里帰りを実現させてあげたいと考えていた。

そこに、一人の篤志家が現れた。長崎県大村市在住の崔福順（チェ・プクスン）という在日の実業家で、一切の経費の負担を快諾してくれたのだった。

実は、崔秉大は以前、崔福順の息子が韓国の娘さんと結婚することになった際、ビザの発給で世話をした経緯があり、それ以来、二人は姓が同じ〝崔〟ということもあって非常に懇意の間柄であった。殊に、彼が彼女のことを「お姉さん、お姉さん」と呼んで親愛の情を示し、一方、彼女の方も崔秉大が気の毒な境遇にある日本女性たちの面倒を見ていることに深い理解を示してくれていた。崔福順は崔秉大の献身的な姿に心を打たれ、彼の希望を叶えてくれたのである。

これを実行するに当たり、崔福順の長女の鄭俊姫（ジョン・ジュンヒ）が事前打ち合わせのためにわざわざ釜山まで来てくれた。この時、俊姫は母親の代理として芙蓉会のお婆さんたちに、チャンチャンコ五百着（二百着は釜山芙蓉会に、三百着は慶州ナザレ園に）とお小遣い七百万ウォン（芙蓉会に三百万ウォン、ナザレ園に四百万ウォン）をポンと置いて行ってくれた。彼女の帰国後、次のような手紙が崔秉大に届いた。

崔秉大様

拝啓

何時も他国に住む私等のことを案じて下さいますことを有難く思います。

そして、母のことを姉さんと心ある身近なお言葉で接していただきますことも何かの御縁と感じております。

先日は悪天候にも拘らず六月二九日に帰国できましたこと、崔おじ様のご尽力のおかげです。本当にありがとうございました。

今回は、崔おじ様のおかげで釜山芙蓉会、慶州ナザレ園を訪問いたしましたこと、感無量です。崔おじ様と母のおかげで子供の私まで人生の生きざまの本当の姿、そして時の尊さに接することができ、多くのことを学ぶことができましたことを感謝いたします。

母は、大韓民国に住む日本のお年寄りの方一人一人の気持ちを察するならば、来年と言わず今年の何時でもいい、日本訪問を実現してあげたいと申しております。

今年の何時でもいい、今、元気なら元気なうちに日本の土を踏みたい方がおられるならば何時でもいい、費用はこちらで持ちますから、お金のことは考えずに参加してほしいと母は申しております。

崔おじ様、どうぞ日本訪問が実現致しますようお年寄りの方へのお力添えお願い致します。

崔おじ様、お体を大切に、御健康を願っております。

最後になりましたが、大韓民国の益々の御発展を心より願っております。

母に代わりまして　鄭俊姫

ところで、私（筆者）はこの手紙の掲載の承諾を得るため、昨年十一月、大村市の鄭俊姫さんを訪ねた。成功した在日実業家の長女ともなれば、さぞかし活動的で個性の強い人だろうと想像していたが、実際にお会いしてみるとまったく対照的な方だった。万事控え目で、服装もきわめて質素だった。しかし、物静かな話し方の中に並々ならぬ教養と知性が感じられた。この謙虚さと聡明さが、お母さんである崔福順さんの実業家としての成功を陰で支えてきたのであろうと推察された。

鄭俊姫さんは当時のことをよく記憶してくれていた。そして、十二年前の出来事を懐かしそうに思い出しながら、崔秉大氏に対する想いを語ってくれた。

「私ごとき者の手紙をいつまでも保管してくださっていた崔おじ様のご誠実さに言葉の出ないくらい感激しています。あのような心の広い方に出会えたことは私の人生にとって大きな財産となっています。崔おじ様は、まぎれもなく私にとって第一番の『忘れ得ぬ人』です。

私は、まず、崔おじ様の、あのお気の毒な日本のお婆さんたちに注ぐ優しい眼差しに感動を覚えました。想像を絶するような過酷な人生を送ってこられたあのお婆さんたちは、おそらく誰に対しても心を固く閉ざしていたことと思います。それなのに、崔おじ様に対しては童女のように天真爛漫な心を開き、『崔さん、崔さん』と慕っていました。それは、本当に信じられないような光景でした。

私の母に依頼に来られた時の崔おじ様は私利私欲とは無縁で、一個人を超越しておられました。母がご協力したことは、いわば断片的なもので誰にでも出来ることでしたが、崔おじ様の行いは長年の一貫した献身で、他の人では到底真似の出来ないことでした。日本総領事館の要職にあった方に対してこのような言い方は大変失礼だと思いますが、崔おじ様はまさに〝名も無く貧しく美しく〟を実践されていらっしゃるようでした。

私は、崔おじ様の存在と功績を知った時、あの六千人のユダヤ人を救ったと言われる在リトアニアの領事だった杉原千畝さんのことを思い出しました。救われたユダヤ人たちとその子供たちが後になって『杉原ストリート』を実現させたように、いつの日か崔おじ様もなんらかの形で顕彰されてしかるべきだといつも考えていたのですが、今度、ご本が出版されることになったと知り、心から嬉しく思っています。私どもでご協力出来ることがありましたら、なんなりとおっしゃってください。」

話は九州旅行に戻るが、四泊五日の旅はお婆さんたちにとって夢のようであり、また崔秉大にとっても感動の連続だった。飛行機が福岡空港に到着し、全員がタラップを降りた時だった。一人のお婆さんがひざまずき、地面に顔をこすりつけて叫んだ。

「ああ、とうとう日本にやって来れた！　もう生きている間は来れないと思っていたのに、本当に日本に帰って来たんだわ！　崔さん、ありがとう、本当にありがとう！」

そばにいた崔秉大も感涙にむせびながらお婆さんをそっと抱き起こし、

〈お礼を言いたいのは私の方ですよ〉

と心の中で言った。この時、崔秉大は八年前の死の床にいた〝お婆ちゃん〟のことを思い出していた。

一行は先ず佐賀県の嬉野温泉で一泊した。宿泊した旅館の大広間で旅芸人一座による芝居が披露され、お婆さんたちは子供のように喜んだ。五十年以上も前の娘時代に故郷の田舎で見て以来、というお婆さんが何人もいた。芝居の後、役者たちと記念撮影に納まり、興奮の第一夜を過ごした。

二日目はスポンサーとなってくれた大村市の崔福順の家に招かれ、宿泊させてもらった。家族総出で食事の世話をしてくれたが、陣頭指揮に当たったのが長女の鄭俊姫だった。

この招待旅行を提供してくれるに当たって崔福順が出した条件は、一切マスコミには知らせるな、というものであった。そのため、このお婆さんたちの祖国訪問ツアーのことは一般市民の知るところとはならなかった。

その後、一行は長崎市に入り、平和公園や大浦天主堂を訪れ、平和への祈りを捧げた。戦争によってその人生を大きく左右されたお婆さんたちの胸に去来したのはなにであっただろうか。

旅が無事に終わり、釜山に向けて飛び立った飛行機の中で崔秉大は安堵感と満足感に包まれながらある感慨に浸った。

〈結局、このお婆さんたちは、韓国人を愛して結婚したという〝罪〟で周囲の人々から白眼視され、見放され、その中で苦しみと悲しみを負わされたもう一方の被害者とも言うべき人たちではないだろうか〉

長崎県大村市に在日実業家の支援者がいる一方、福岡市にも釜山芙蓉会のお婆さんたちの境遇に同情し、三十年近く慰問活動を続けている人物がいる。同市にある芸能プロダクション「沢柳企画」の社長を務める沢柳則明がその人である。

話は一九八二（昭和五七）年に遡る。

この年、テレビ西日本が制作したドキュメンタリー「海峡」が放映された。戦後の反日感情の強い韓国で生き抜いた芙蓉会の国田たちを追ったもので、これを観て深く感動した沢柳は、「あのお婆ちゃんたちに日本の懐かしい歌を聞かせてあげたい！」と、慰問を思い立った。

翌一九八三（昭和五八）年、沢柳は自分のプロダクションに所属する故ばってん荒川（熊本県出身の喜劇タレント）を伴って釜山を訪問した。日本の大衆文化が開放される十五年も前の話で、公演会場は日本総領事館の講堂を使わざるを得なかった。いわば治外法権による公演であるから、韓国当局の許可を得る必要はなかったが、崔秉大が事前に外事警察に趣旨を説明し、理解を得るのに骨を折った。

会場を埋め尽くした百名余りの芙蓉会の会員とその家族は、ばってん荒川が当たり役の〝お米ばあさん〟に扮して歌う「湯島の白梅」や「妻恋道中」にやんやの喝采を浴びせた。彼は熊本弁で「くよくよせんと頑張って生き抜いてほしか」とお婆さんたちを激励した。

釜山芙蓉会が結成三十周年を迎えた一九九四（平成六）年九月、釜山で記念式典が行われた。この時も沢柳が一肌脱いだ。福岡出身の演歌歌手、三笠優子による在韓日本人妻をテーマにした新曲「望郷千里」（吉田旺・作詞、弦哲也・作曲）を、この式典で彼女に歌ってもらうことになった。

三笠優子は参加した会員のお婆さん一人ひとりに語りかけるように

「さぞお辛いこともあったでしょうね。でも、頑張って来られたからこそ今の幸せがあるのだと思います。どうぞ、お体に気をつけてもっともっと長生きしてくださいね」

と挨拶した。そして、涙ながらに「望郷千里」を熱く唄った。歌の途中には、

〝いくつになっても故郷が恋しくて懐かしくて……

せめてもう一度お母さんのあったかい膝で泣きたかった……〟

というセリフが入り、会場のあちこちでは堪え切れずに嗚咽する姿があった。

式典の後、三笠優子は感激の面持ちで語った。

「苦難の歴史を背負ったお婆さんたちが、優しい表情で歌を聞いてくださっていたのでとても感動しました。今後、在韓日本人妻の存在を語りながら、お婆さんたちの姿を思い浮かべて歌って行きたいと思います」

一九九九（平成十一）年は芙蓉会の三五周年だった。この時も沢柳が企画し、ばってん荒川が出演した。初出演から数えて五度目の釜山訪問だった。

それから三年後の二〇〇二年は日韓共催によるサッカーW杯が開催された年で、日韓両国が「日韓国民交流年」と銘打っていろんな分野での交流を促進した。その一環として、沢柳が芙蓉会と慶州ナザレ園を支援する目的で「心を歌う会・in福岡」を企画した。

この催しには、すっかり常連となったばってん荒川が二人の後輩歌手である松山美咲（本名、江藤幸子。病院の看護婦長）と右田昌子（ラジオ、テレビのパーソナリティー）と共に出演したほか、特別ゲストとして三笠優子も東京から駆けつけ、八年ぶりに芙蓉会のお婆さんたちの前で「望郷千里」を熱唱した。

崔秉大も芙蓉会一行の付添いの形で福岡にやって来て、一連の行事に立ち会ったが、これだけ規模の大きいイベントを採算を度外視して手がけてくれた沢柳に感謝の言葉がなかった。

〈会員のお婆ちゃんたちが元気なうちにやってもらえて本当に良かった。しかし、この後はどうなるのだろう〉

崔秉大は満足感を覚える一方で、会員が一人減り、二人減りしている現実に向き合う時、寂寥感が胸を通り抜けるのを抑えることが出来なかった。

もう一人、崔秉大が長年にわたって芙蓉会のお婆さんのお世話をしてきた過程において大きな力となってくれた人物がいる。一九七四（昭和四九）年四月に日本総領事館の顧問弁護士に就任した崔益均（チェ・イクギュン）である。

当時は日韓国交が回復して十年近くが経ち、釜山に進出する日本企業も増えてきた頃で、商売上のトラブルが頻発した。また、日本人旅行者の来訪も年々増加し、それに伴ういろんな問題も発生した。そうした場合、どうしても法律の専門家のアドバイスが必要とされた。

そのような企業や個人旅行者のトラブル処理のほかに、顧問弁護士としての崔益均にはもう一つの重要な役割があった。それは、在韓日本人妻たちの永久帰国を実現させてあげることだった。前述の通り、その頃になると日本に帰ることを希望する芙蓉会会員のお婆さんたちが急増し、崔秉大はその対応に追われたが、ひとつ厄介な問題があった。

彼女たちの中には、朝鮮動乱の混乱に乗じて日本人の身分を隠すために韓国人に成り済ます者が多くいた。戦乱で役場が機能を失ったため、韓国名を名乗り、新たに戸籍を作ることが出来たのである。例えば、「鈴木民江」という日本人女性が「金民子（キム・ミンジャ）」という韓国人女性に生まれ変わったわけである。ところが、世の中が落ち着き、日本人妻たちの永久帰国が可能になったものの、「金民子」のままでは日本に帰ることが出来ない。そこで、「金民子」が「鈴木民江」であることを証明するための「同一証明」が必要となる。崔秉大が日本側から可能な限り証拠となる資料や情報を集めるのに奔走する一方、崔益均が韓国の当局に対する法的な問題の処理を行った。

このようにして、多くのお婆さんたちが帰国出来たわけであるが、崔秉大は、奇しくも同じ一九二九年生まれで、慶州崔氏を同じルーツに持つ崔益均が、自分のライフワークとしている芙蓉会の支援に手を貸してくれたことに不思議な因縁を感じるとともに心から感謝している。

崔益均は一九九九（平成十一）年の秋の叙勲に際して勲三等瑞宝章を受章し、現在も在釜山日本国総領事館の顧問弁護士として活躍している。

以上述べてきたように、崔秉大は日本総領事館在任中から退職後十五年を経た現在に至るまで芙蓉会のお世話に取り組んできているのだが、実はそれに加え、本章でも度々名前が出てくる慶州の「ナザレ園」に対しても、顧問を引き受けるなどして支援の手を差し伸べている。

ナザレ園は、作家の上坂冬子が一九八四年に発表した『慶州ナザレ園〜忘れられた日本人妻たち〜』によって一躍有名になり、日本国内で度々テレビをはじめマスコミに紹介されるようになった。そのため、日本からの見学者が頻繁に訪れるようになり、そのような時、崔秉大が案内役を買って出ている。

メディアの影響力は大きく、ナザレ園の存在が知れ渡るにつれ、日本財団をはじめとする団体や企業、個人からの寄付金が多く集まってきた。そのお蔭でナザレ園の施設は年々充実してきており、入園者たちは至れり尽くせりの世話を受け、幸せな余生を送っている。草創期の頃からナザレ園を知っている崔秉大にとって、その充実振りは言葉で言い表せないくらい感慨深く、自分が健康なうちはナザレ園のお婆さんたちの力になってあげたいと気持ちを新たにしている昨今である。

本章の締めくくりとして、かつて芙蓉会大邱支部の副支部長を務め、現在はナザレ園に身を寄せている米本登喜江が作った詩をご紹介したい。

哀切きわまりない調べが切々と迫ってくるようだが、特に、それまで統一されていた七五調を離れて「お母さん」と叫ぶ第六番目の歌詞が胸を打つ。

「運命（さだめ）」

他国の人と結ばれて、ふるさと棄てた私です。
　あの玄海の荒海は、私のさだめを知ってます。
泣くな泣くまい　嘆くまい　さだめの流れに従って
　春、夏、秋、冬、幾とせを　髪に白髪も増えました。
名もなく咲いた花なれど、異国の土で咲いた花
　骨はこの地に埋めてよ、ここは第二の故郷です。
冷たい風が吹く時も、熱い涙が出る時も
　遠い日本のお月さん、優しく見つめて下さいね。
親の死水とれもせず、不幸を重ねた娘です。
　許して下さいお父さん。お詫びはあの世で致します。
まぶたに浮かぶ母の顔、幼き日々の思い出よ

今も聞こえる三味線の音をもう一度聞きたい、お母さん。
悲しい事も苦しみも、あの玄海に棄てましょう。
　この人生が終わる日は、波も悲しく泣くでしょう。
さだめの渕に立ちながら、歩いた女の影法師
　水に映って消えてゆく、芙蓉の花の散るように。

終　章　穏やかな時間の流れ

日本総領事館を退職した崔秉大にようやく穏やかな時間が訪れた。振り返ってみると波乱と激動の人生だった。

〈これからはやり残したことをやってみたい〉

それは、若い頃から念願していた、余生を日韓の架け橋としての活動に捧げることである。そして、それがこれまでお世話になった人々への恩返しになれば願ってもないことだ。現役を退いた今となっては時間に追われることはない。心に余裕を持ち、毎日、毎日を楽しく過ごしたい。

そのような気持ちで取組んだ主な活動の一つが、現役時代から力を注いできた芙蓉会の会員たちのお世話だった。

この退職を機に崔秉大は芙蓉会釜山本部と、それと関係の深い慶州ナザレ園の顧問に就任し、引き続き支援することになった。さらに、日韓間の親善の促進を目的とする韓日親善協会の世話役（理事及び副会長を経て現在は顧問）をも引き受けることになった。引き受けてみると結構やることが多かったが、それでも超多忙だった現役時代に比べると時間的にも精神的にも十分な余裕があった。

今年、傘寿を迎える崔秉大には、このゆったりとした時間の流れは何物にも替えがたい贈り物である。

叙勲

「日本国天皇は大韓民国人
崔秉大に瑞宝双光章を贈与する
皇居において璽をおさせる
　平成十六年十一月三日
　　内閣総理大臣　小泉純一郎
　　　内閣府賞勲局長　勝野堅介」

二〇〇四（平成十六）年十二月二日、釜山の日本総領事館において総領事の阿部孝哉から崔秉大に対して勲記と勲章が伝達された。

思えば、一九六六（昭和四一）年に韓国人職員の第一号として総領事館に採用され、それからの二八年間、主に邦人保護の業務に従事し、定年退職後も一貫して日韓親善の発展に寄与してきた功績がついに認められたのだ。

この日、韓国内外から多くの関係者がお祝いに集まってくれた。元総領事、元領事、釜山日本人会会長、釜山日本人学校校長、釜山韓日親善協会会長、それに芙蓉会釜山本部会長の国田房子等々、まさに在釜山の日本関係団体代表のオンパレードの観を呈した。わずか二週間前に東京で社会貢献支援財団から表彰されたばかりで、崔秉大にとっては栄光の連続だった。

セレモニーの最後で、感激と緊張の面持ちで崔秉大は答礼の挨拶に立った。

「自分の今までやってきたことが高く評価され、このような名誉ある勲章を拝受できたことを大変光栄に思います。今回の受賞に際しては、阿部総領事をはじめ総領事館の皆様、また、外務省関係者には大変お世話になりました。特に、海上保安庁出向の各領事には公私にわたりご指導、ご鞭撻を賜りましたことを深く感謝申し上げます。今後も微力ながら、韓日親善の発展のために努力したい所存です」

来賓を代表して国田から花束を贈呈された瞬間、崔秉大の目から思わず大粒の涙がこぼれた。なにしろ、国田とは三十年以上も苦楽を共にしてきた間柄だ。国田の存在が無ければ、崔秉大が自分のライフワークと見なしている芙蓉会の世話にここまで打ち込めなかったかもしれない。

国田を花束贈呈者に選んでくれた日本総領事館の配慮が嬉しかった。

この日は崔秉大、人生最良の日だった。

海上保安庁との絆

崔秉大が叙勲の際の謝辞の中で、「特に、海上保安庁出向の各領事には…」と述べた背景には彼の特別の思いと感謝の気持ちがあった。

二八年間の日本総領事館在勤中、崔秉大は十人の海上保安庁出向の領事と一緒に仕事をし、苦楽を分かち合ってきた。彼らは全員三年間の任期を終え、古巣の海上保安庁に戻った。そのうちの二人はいまだ現役で活躍中だが、そのほかの人たちは管区海上保安本部長以上の要職を最後に退官している。そして、崔秉大は彼らとは今なお家族ぐるみの付き合いをさせてもらっている。日本人男性と結婚し、東京に住んでいる次女の光熙の家族も何かと世話になっている。実に有難いことである。

崔秉大が総領事館勤務を振り返る時、これら十人の海上保安庁出向者との思い出がフラッシュバックするように瞼の裏に蘇ってくるのである。

初代の児玉時巳さんは既に故人だが、なんと言っても自分を採用してくれた因縁の人。豪放磊落にして繊細、さらに強烈な個性の持ち主だった。総領事館開設時のいわばアボジとしての存在で、また、年長だったのでよく叱られたことが今となっては懐かしい。

二代目の鈴木力雄さんには公私に亘ってお世話になった。妻の玉子が東京で手術を受けた際には、入院が決まるまでの間、横浜の自宅から通院させてもらった。仕事の上では、在留邦人保護業務に加え査証業務が鈴木さんの担当業務となり、多忙を極めた。

三代目の結束好さんは茫洋とした人柄で親しみがあった。麗水に出張に行く朝、自宅に迎えに行ったところ、練炭中毒で朦朧としており、それでも医者にも行かず、そのまま一緒に出発した使命感の強さには驚かされた。

四代目の西山知範さんの時代から、領事業務一切が海上保安庁出向の領事の担当になった上、警察沙汰の事件が多発し刑務所通いが加わった。そんな中にあって、西山さんと二人で紅白歌合戦の十六フィルムを管内の日本関係者に見せて回った。

五代目の柳田幸三さんとは、光州事件でまさに命がけで救出作戦の先頭に立った。内戦状態となった光州市内に取り残された日本人十数人を探し当て、全員を無事に釜山にまで輸送し終えた時の緊張と感動は忘れられない。柳田さんとは文字通り〃戦友〃である。

六代目の足立有功さんは作家の上坂冬子さんが慶州のナザレ園を取材に来た時お世話をした。その時の取材活動が実って『慶州ナザレ園』が世に出、日本人妻の存在が広く知られるようになった。足立さんはその縁の下の力持ちの役割を果たしたとも言える。

七代目の友永幸譲さんの時代までは済州島も釜山の総領事館が管轄していたので、日本漁船の拿捕事件や海難事件でよく済州島まで出張した。友永さんには、社会貢献支援財団から表彰を受けた時の推薦者になってもらった。

八代目の冨賀見栄一さんは〃熱血漢〃という言葉がピッタリの人だった。日本人墓地の移転問題の際、時の総領事と首席領事を相手に大激論を展開した。また、根気強く釜山市当局と交渉を重ね、無事に移転に漕ぎ着けることが出来た。

九代目の山下政晴さんは全斗煥によく似た風貌の人だった。それまでの領事業務の見直しが行なわれた時期に来られたためご苦労も多かった。山登りが好きで、足を痛めた韓国人の女性を負ぶって下山し、感激されたというエピソードが残っている。

十代目の河原功さんは共に仕事をした最後の領事で、韓国をこよなく愛し、「崔さん、私の先祖は河東（地名）河氏かもしれない」とよく言っていた。芙蓉会や慶州ナザレ園に対する政府援助金の増額の実現に努力してくれ、また、日本人学校の世話にも熱心だった。

もちろん、時代背景によって共に行なった仕事や交遊の内容に濃淡はあるが、どの人との関係も同僚としての友情と信頼に支えられていた。

前述のように、社会貢献支援財団の表彰の時は崔秉大のまったく知らない所で友永幸譲を中心に海上保安庁の仲間が動いてくれた。叙勲の時もそうだった。鈴木力雄と西山知範の連係プレイの下に、時の総領事の阿部孝哉の理解を得て実現したものだった。

長年、日韓の架け橋たらんとして努力してきた崔秉大にそのような顕彰に対する期待がまったく無かったとは言えないだろうが、このようなことは周囲の熱意とサポートが無ければ到底実現するものではない。それだけ崔秉大が周りの人々、特に海上保安庁のかつての仲間から慕われ、敬愛されていたということであろう。

個人的な関係だけではない。崔秉大は二度にわたり海上保安庁から表彰を受けている。最初は一九八五（昭和六十）年の「海上保安庁第七管区海上保安本部長表彰」で、日韓の海上保安関係機関の連携強化に貢献したことに対するものであった。

次は一九八八（昭和六三）年の「海上保安庁長官表彰」で、その表彰理由は、〝二二年の永きにわたり日本沿岸における韓国船の海難に関する原因調査、沈没した韓国船の引き揚げ等多方面にわたり積極的に協力し多大な貢献をしたため〟であった。

それから二十年近くの歳月が流れた。

二〇〇六（平成一八）年六月、日韓両国が中心となって釜山沖で六カ国合同訓練が行なわれた。そこには海上保安庁の制服組トップと言われる警備救難監が日本の総指揮官として参加した。かつて崔秉大と一緒に仕事をした冨賀見栄一である。崔秉大は旧友の栄進を誇りに思った。その夜、二人は静かな時間の流れの中で杯を交わした。

退職後、崔秉大は度々日本を訪れているが、その都度かつての仲間が集まり、「釜山会」と称して歓迎会が催されている。「釜山会」は彼らの強い絆の象徴とも言えるもので、その幹事役を買ってくれているのが西山知範である。西山は海上保安大学長を務めただけあって取りまとめ役は適任である。海上保安庁の仲間を代表して語っていただこう。「私と崔さんとの出会いは一九七五（昭和五十）年三月でした。早いものでもう三十年が過ぎました。金大中事件（一九七三年）、文世光事件（一九七四年）がそれぞれ日本と韓国で発生し、ピークに達した反日感情がようやく沈静化に向かった頃でした。日韓国交正常化十周年を迎え、日本企業の釜山進出が活発化し在留邦人も増加しました。長年の念願であった日本人学校も開校しました。

私が担当した領事業務は、日本人の海外渡航や在外居住が増加したため活動範囲も多岐に渡りました。それは、事件や事故に巻き込まれた日本人に対する支援、平時における安全対策、日本人学校への援助、日本人の身分関係に関する事務、証明、管海事務、旅券の発給、外国人への入国査証発給など実に広範囲に及びました。

当時、日本総領事館は済州島を含め韓国の南半分を管轄し、日本に一番近い在外公館でした。歴史的に日本と深い関わりがあり、日本人観光客の往来も多いことから大小さまざまなトラブルがありました。事案の処理に当たっては、まさに『事実は小説よりも奇なり』を実感させられました。

日本人が拘置されている刑務所を頻繁に訪問し、待遇面や健康状態で問題ないかを確認し、留守宅との連絡などに当たったものです。

このように、われわれ海上保安庁からの出向者が担当した領事業務を実施する上では、担当者個々の経験や知識に負うところが大きいのです。特に警察、海洋警察隊、税関、入管などの相手となる官憲との折衝においては、事案の内容に即した適時、適切な対応が求められます。そのような場合、崔さんはいかなる局面においても領事の片腕になって話し合いがスムーズに運ぶよう尽力してくれました。まさに、私たちにとってはかけがえのない存在でした。

崔さんの訪日の際には積年の感謝の意を込めて元領事たちが相集い、いつまでも『釜山会』が続くことを願いながら思い出話に花を咲かせています。」

日本の子供たちと

二〇〇七（平成十九）年の夏になろうとしていた時、以前から付き合いのあった西日本新聞社の原田氏（元ソウル支局長）から、熊本県下のさる小学校の六年生約百名が夏休みに釜山に旅行するので、その際、講演してやってくれないか、との依頼を受けた。

大学生や高校生ならまだしも、相手が小学生ともなるとうまく話せるかどうか不安だったが、役に立てるのならと引き受けることにした。

八月二日、釜山市内のホテルで可愛い聴衆を前に、崔秉大はこれまでの経験を基に易しく話をした。

「私は皆さんのお祖父さんとちょうど同じくらいの年齢で、まもなく八十歳になろうとしています。そんなお爺ちゃんの話を聞いてくれるというので、きょうは喜んで皆さんに会いに来ました。

私は、皆さんの年頃には日本にいました。広島県の当時、西条と呼ばれた町に住み、そこの小学校に通いました。日本の植民地だった朝鮮半島からやってきた生徒だったため、いじめられたりして辛い目にも遭いました。でも、優しい先生もいて、よく励まされたお陰で私は一生懸命に勉強し、成績も良かったので、高学年になるともう私をいじめる生徒はいなくなりました。

戦争が終わり、いったんは帰国しましたが、ちょうど朝鮮動乱が起きた時に再び日本にやって来ました。その頃は太平洋戦争が終わって間もない頃だったので、世の中もまだ落ち着いてはいませんでした。私は、いずれ韓国に帰るつもりをしていましたので、勉強をしておかなければと考え、東京の明治大学に通いました。

そして、帰国した私は日本との架け橋になれる仕事を希望し、ちょうど釜山に開設された日本総領事館で働くことになりました。そこで二八年間勤務し、今から十三年前に退職しました。私は仕事を通じて韓国と日本の関係が良くなるようにと努力しました。

皆さんもよく知っていると思いますが、韓国と日本は過去の歴史の中でいろいろと問題がありました。そのため、私が日本総領事館で働き始めた頃、二つの国の関係はまだまだ厳しく、苦労もたくさんありました。しかし、時代が進むに従い、韓日関係も大分よくなってきました。

それでも、時々、小さな問題が起きています。その代表的なものが独島、日本では竹島と呼ばれていますが、この島の問題です。これは、ちょうど兄弟や親戚が近くにいると時々もめることがありますが、それとよく似ています。しかし、やはりいざという時は近くにいる兄弟や親戚が助け合わなくてはなりません。韓国と日本は兄弟のようなものです。ですから、お互いにいつも仲良くして、困ったときは助け合うことが重要です。それには、お互いのことをよく知り合うことが大切です。

ところで、この釜山には、戦前、多くの日本人が住んでいて、ここで亡くなった人たちのお墓もあります。それから、戦時中に朝鮮半島から日本に渡った韓国人の男性と結婚して、戦後、旦那さんと一緒に韓国にやって来た日本女性が多くいます。それらの女性はすでにおばあさんになっていますが、日本に帰りたくてもいろんな事情で帰国できず、気の毒な境遇に置かれています。私は、そういう気の毒なお婆さんたちを助ける芙蓉会という団体のお世話もしています。

皆さんが、もし釜山にもう一度来る機会があれば、日本人墓地を訪問したり、芙蓉会のお婆さんたちにも会ってあげる機会をもってもらいたいと思います。

そうすることによって、韓国と日本の過去の歴史を学び、お互いをよりよく理解できるようになるのではないかと思います」

最後に崔秉大がなにか質問があれば、と促したところ、一人の生徒が手を上げた。

「先生は日本という国をどのように思いますか？」

小学生からそのような大上段に構えた質問を受けるとは予想もしていなかった崔秉大は一呼吸おいて答えた。

「私自身は、日本は立派な国だと思っています。アジアを代表する先進国であり、経済大国としてＯＤＡで世界にも多大の貢献をしています。私たちの韓国も日本に学ぶことがたくさんあります。
ただ、さっきも言いましたように、韓国と日本は近い間柄であるだけに、時々、摩擦が生じます。昔、韓国は日本の植民地支配を受け、人々は心に傷を受けました。人間が喧嘩した時、殴った方は痛みを感じないからすぐ忘れてしまいますが、殴られた方はその痛みをいつまでも忘れることが出来ません。国と国の場合も同じことです。優位に立った者は相手に対する思い遣りの気持ちを忘れてはいけないと思います。
私は、将来、日本の国を背負って立つ皆さんにそのことをよく覚えておいてほしいと願っています」

この後の三つの項では、筆者である「私」を主語として記述し、併せて主人公の崔秉大氏を親しみをこめて「崔さん」と呼ばせていただくことにしたい。

カラオケ仲間

昨年（二〇〇八年）九月、私は崔さんの一代記の執筆を決心し、釜山に行って一週間毎日インタビューをさせてもらった。その間、崔さんとカラオケに行く機会があった。

それまでの取材から、崔さんは恐らく日本の歌が相当達者だろうと思ったので、一度歌を聞かせてくれませんかとお願いしたからだった。崔さんは、望むところ、といった風で直ちに段取りをしてくれた。

翌日、崔さんを入れて男性三人、女性三人の計六人が集合して釜山市内のノレバン（日本のカラオケ）に向かった。全員七十台の後半で、日本で言う後期高齢者ばかりだった。聞くところによると、日本の歌謡曲の愛好者たちで、崔さんがリーダーとなってひと月に二、三回顔を合わして練習に励んでいるという。年齢からして全員、戦前の日本時代を経験しており、程度の差はあるが、日本語が出来る。日本の歌が好きという以上、日本に対して悪い感情は持っていないのだろう。

一人の男性は職業軍人出身で、大佐でリタイアしたとのこと。しかし、固い雰囲気はまったくなく、私に対してもとても友好的だった。もう一人の男性は長身痩躯の白髪で、インテリ然としていて、私にも端正な日本語で話しかけてくれる。その内容は、日本の歌謡曲の歌詞と韓国のトロット（演歌）の歌詞の違いを分析したもので、私はたじたじとさせられた。

女性三人はみんな気のいいオバサンたちで、手分けして果物や飲み物を持参してきてくれ、まるでピクニックのようだ。

さて、カラオケが始まった。先ずは、リーダーの崔さんから。曲は「哀愁の高山」（竜鉄也作詞・作曲）。どうやら十八番のようだ。演歌独特のこぶしが絶妙で、予想以上のうまさだ。なるほど、これなら学生時代、ギターの流しで稼げたのもうなずける。崔さんは歌いながら五十年前の世界を漂っているようだった。

うるむネオンの裏町を
ふたりで歩く兄弟流し
暖簾くぐれば　暖簾くぐれば
馴染の顔が
ひとつたのむと　声掛ける
ああ 哀愁の高山よ

次は遠来のお客さんに、ということで私の番になった。実は、私は韓国駐在の経験を持ちながら、韓国語はからっきしダメで、周囲の人たち（日本人、韓国人問わず）から白い目で見られてきたのだが、韓国語の歌だけは若干心得がある。いつものように、手始めとしてチェ・ジニ（韓国の人気女性歌手）の「サランエミロ（愛の迷路）」を披露した。〝デビューご祝儀〟としてやんやの喝采を浴びた。

その後は、一人ずつ順番にマイクが廻されて行った。このグループでの役割は決まっているようで、リクエストされた曲の登録作業は大佐さんが一括して行なってくれる。

みんなが歌うのはすべて日本の歌で、私だけが韓国の歌。ふた回りほどしたところで、私はある一定のルールに気付いた。それは、大体、歌は三番まで歌詞があるのだが、二番が終わったところで、大佐さんが静かにリモコンで曲を止めるのだ。ただ、私だけは最後まで歌わせてくれていたのである。おそらく、それは私に対する心遣いだったのだろう。

必ず決められた順番で歌い、二番で歌い終える――。

なんと、穏やかな世界なのだろう。

日本でもそうだと思うが、五、六人も集まれば、必ず一人や二人、「オレが、オレが」とマイクを取りたがる人間がいるものである。ましてや、自己主張の強い韓国の人たちの場合はもっとその傾向が強いはずだ（韓国の人には失礼な言い方かもしれないが）。

ところが、私に対してはさりげなく終わりまで歌わせてくれる。〈そうか、この人たちは過去の歴史にとらわれることなく、好きなものは好き、として、同好の士だけで寄り集い、残された人生を楽しく、穏やかに送ろうとしているのだ〉私はいささか感動した。そして、そのような場を作り出した崔さんに改めて敬意を表したくなった。

最後の一周は自国の歌を、ということになった。いくら日本の歌が好きだといっても、やはり韓国の人には韓国の歌がぴったりだ。六人は思いのたけをこめて祖国の歌を歌ってくれた。

私はと言うと、カラオケに行けばよく歌うフランク永井の「君恋し」を歌った。これが大いに受け、もう一度とリクエストされ、六人は三つのペアを組んでダンスとあいなった。世間ではハラボジ（お爺さん）、ハルモニ（お婆さん）と呼ばれる人たちだが、年齢を感じさせない身のこなしに驚かされた。特に崔さんは、かなり寂しくなったおつむをカムフラージュするためか、粋な帽子を斜めにかぶり、軽やかに相手の女性をリードしていた。相当の年季を感じさせる踊りっぷりだったが、おそらく若い頃には随分と授業料を払ったのだろう。

思いがけずも、楽しい日韓親善の一日であった。

崔秉大家を訪問

カラオケから数日後――。

この日は秋夕（日本のお盆）で韓国では休日だった。前日、崔さんからお誘いがあった。

「明日は秋夕だから、我が家で家内の手料理でも食べていってください」

〈えっ！　崔さんには三度目の奥さんがいたのか！〉

と、私は内心少々驚いたが、平静を装った。

「でも、家族の皆さんが来られるのでしょう」

「なに、午前中に長男の嫁が息子一人を連れてくるだけなんです。孫は今、大学なんですが、今度軍隊に入るので、お祖父ちゃんから餞別をもらうのが目的なんでしょう、ハハハハ。韓国も核家族化が進み、我が家も釜山、ソウル、東京と離れ離れですよ。まあ、気楽といえば気楽ですが、やっぱり少し寂しい気がしますね」

「それでは、お言葉に甘えて伺わせていただきます。臨時の家族の一員として扱っていただき、嬉しいです」

崔家は繁華街から離れた住宅街にあった。急勾配の坂道を登り、少し進んだところで左手にかなり急な階段があった。この上だという。

「けっこう急ですね。ここを毎日上り下りするのは大変でしょう」

「なに、毎日のことですから、なんともないですよ。それより、芙蓉会の国田さんは九四歳だけど、時々手土産を持参できてくれるんですよ」

玄関に入った時、私は少し息切れしていたが、それを誤魔化すのに一苦労だった。屋上がベランダになっているというので、まずは上がらせてもらったが、高台にあるだけあって眺めは素晴らしかった。家の裏手は公園で、隣接しているために緑が境界線まで迫っていて、空気が澄んでいる。奥さんと老後の日々を過ごすのに最適ではないかと思った。ただ、急な階段に難があると思ったが、今の崔さんの足腰なら当分は大丈夫なようだ。

奥さんの手になる家庭料理は素晴らしかった。メインの見事な鯛をはじめ、日本風の味噌汁、キムチや各種の野菜料理の数々。出された料理はすべて平らげた。奥さんが崔さんに何か言った。私が美味しそうに全部食べたのでとても喜んでくれているとのことだった。儀礼的に無理して食べたわけではなく、本当に美味しかったからだ。

食後になってリビングルームに移りお茶を入れてもらう段になった。ここで、私は大きな失敗をしたことに気付いた。お土産にと、日本的な考えでケーキを持参し、「お茶の時間に皆さんで」と言って奥さんに手渡したのだった。韓国では、女性でも年配の人はたいがい甘いものが苦手である。明らかに奥さんは私の手前、無理してくれているようだった。

奥さんは日本の大相撲の大ファンとのこと。折りしも秋場所の模様がＮＨＫの衛星放送で流されていたので、熱心に観戦していた。日本語が出来ないので、崔さんが時々解説してあげている。ここでも、穏やかな時間が流れていた。

と、崔さんが問わず語りに話しかけてきた。

「いやあー、きょうは孫に一本取られましてねー」

「なにがあったんですか？」

「きのうも言いましたように、孫は今度軍隊に行くもんですから、ちょっと教訓を垂れたんですよ。集団生活を送ることになったら、他人に迷惑を掛けちゃいかんと。日本では電車やバスの中では携帯電話は使っちゃいけないことになっているし、道を歩きながらのタバコも禁止されているんだぞ。それでこそ、先進国というもんだ。そこへ行くと、韓国はどうだ。周囲の人のことなんかお構いなくでっかい声で話しているじゃないか。

そうしたら、孫のヤツ、また爺さんの日本びいきが始まったというような顔をしてこう言うんですよ。

『そうでしょうか？　日常生活を送っていたら、急な用事も出てきて携帯で連絡しなければならない時もあるんじゃないですか。周囲の人に迷惑にならないように小さな声で話せばそれでいいんじゃないかと僕は思いますが。それを、口に手を当ててヒソヒソと、今、電車の中だから後でかけなおします、なんて、そんな窮屈な社会は僕はいやですね。それに、そんな制約のある社会が先進国だとは思いません。また、タバコにしても、ポイ捨てはダメでしょうが、マナーを守りさえすれば、路上喫煙くらい許されてもいいんじゃないかと思います』

横で聞いていた嫁がハラハラして言いましたよ。

『お祖父さんのおっしゃることに楯突くんじゃありませんよ。あなたの将来のことを思って言ってくださっているんだから』

孫のヤツ、私から餞別をもらえなくなると思ったのか、それ以上なにも言いませんんでしたがね。しかし、孫の言うことにも一理はあるかなと考えさせられましたよ。ハハハハ」

「いや、それはお孫さん、なかなかしっかりした考えを持っていますね。私も、窮屈な社会というのはよく分かりますよ。しかし、残念ながら今の日本はマナーもモラルも随分と低くなりました。これから先の日本はどうなるんだろうと心配になります」

「ところで、この孫の下にもう一人いましてね。これは百九十センチ近くあって、水泳をやっていましてね、自由形なんですが、つい先日、韓国の高校新記録を出して新聞で大きく報道されていました」

「へえー、そうですか、それはお楽しみですね。ロンドン・オリンピック出場が有望ですね」

「まあ、そうなればいいんですが…」

崔さんの顔は一段と好々爺のそれになっていた。

この時、私は今がチャンスだと思って切り出した。

「ところで、崔さん、今の奥さんとのそもそもの馴れ初めはどうだったのですか?」

「そうそう、それは私もお話しておかなければと思っていたのですよ。

それは、私が総領事館に勤務していた頃によく使っていたレストランがありましてね。そこのオーナーと特別に親しくなり、私の妻がパーキンソン氏病で苦労していることも話したところ、とても同情してくれましたよ。そのレストランのレジ係はオーナーの親戚の女性がやっていまして、私が行くといつも愛想よく接してくれましてね。多分、オーナーから聞いたのでしょう。ある日、彼女が言いました。

『先生の奥さんはお体が不自由だそうですね。私はマッサージが得意ですから、よければ時々行ってあげますよ』

願ってもないことだったので、彼女の好意に甘えることになりました。妻もとても喜びましてね、二人は姉妹のように仲良くなりました。娘たちも、オバサン、オバサンと言って彼女にすっかりなついていました。それから暫らくして妻は亡くなり、私は長い間、かなり落ち込んでいました。その様子を見ていた長女が、お父さん、あのオバサンを後妻にもらったらどうですか、お父さんのように七十歳近くになって、しかもお金の無い男性のところに来てくれる人なんていませんよ、とけしかけてきました。私もやもめ暮らしが長くなっており、日常生活に不自由を感じていたので、それもいいかなと思い始めました。彼女とならお互いに気心も知れているし、と。そこで、彼女に、考えてくれないか、と頼みました。ところが、返事はこうでした。

『先生と私とではレベルが違いすぎます。先生が交際されている方々は皆さん立派な方ばかり。私は田舎者で日本語も全然出来ないし…』

　ま、こういうことで、その後も何度か押し問答が続きました。なかなかウンと言ってくれないので、ちょっと作戦を考えましてね、ある日、こう言ってやりました。

『そうか、あんたがどうしてもいいと言ってくれないなら諦めるしかないな。嫌だと言う人と無理に一緒になっても、いつかはうまく行かなくなるだろうからな。煩わしい話を持ち込んで申し訳なかったね。どこかの養老院にでも行って、適当な人を紹介してもらうことにするよ』

　すると、彼女、明らかに態度が変わりましてね。ちょっと慌てた様子で、

『先生がそんなにおっしゃるなら、少し考えさせていただきます』

ということになり、現在に至っているというわけです。ハハハハ」

「崔さんもなかなか女性の心理を読むのがお上手ですね。昔の経験が生きましたね。ハハハハ」

「いや、いや、冗談はさておき、彼女は私と一緒になってから本当によくやってくれて

います。死んだ女房の月の命日には必ずお墓参りに行ってくれます。お墓の前では、よく、

『オンニ（お姉さん）、きょうも来ましたよ。これは私が作ったお菓子です。召し上がってくださいね』

と言って話しかけています。

社会貢献支援財団から表彰された時にはチマ・チョゴリを着させて一緒に参列しました。表彰式の後の懇親会の場ではチマ・チョゴリが目立ったのか、常陸宮妃殿下に真っ先に声を掛けていただき、生涯の感激だったと思います。私も彼女の苦労に多少なりとも報いてやることが出来たかなと嬉しく思いました。

彼女には日頃から、自分が死んだらこの家はお前の物だから好きなようにしていいぞ、と言っているのですが、それに対しても、かえって煩わしいから息子さんにでも上げてください、私はひとりになったら、どこかのアパートに引っ越して気楽に生活しますから、と言うんです。本当に私心のない素朴で純粋な女房です。今、心静かな老後を送ることが出来ているのも彼女のお陰だと感謝しています。

思えば、私は、最初の日本人の妻とはお互いに愛し合いながらも時代に翻弄され、不

本意な別れ方をしました。二番目の韓国人の妻は不治の病に犯され、十年以上も辛い思いをさせた挙句に亡くしてしまいました。女房運が無かったということでしょうかね。しかし、二人ともそれぞれの立場で私を愛してくれ、尽くしてくれました。その意味では、私は運が無かったどころか、とても幸せな男だと自分でも思っています」

リビングルームのテレビの前では、ご贔屓の力士が勝ったようで奥さんの叫び声が上がった。

再度のインタビュー

昨年十二月、私は再び釜山を訪問し、崔さんに二度目のインタビューをさせていただいた。そして、これだけはどうしても聞いておきたいと思っていた点について質問させてもらった。

「ご縁があって、崔さんの一代記を書かせていただくことになり、崔さんのこれまでの人生に関する興味深いお話をいろいろ聞かせていただきました。

歴史には〝もし〟ということは許されないと言われますが、波乱万丈の崔さんの人生で、いくつかの〝もし〟を設定すれば面白いストーリーが展開するだろうなと思います。

たとえば、もし、明子さんに巡り会わなかったとしたら、もし、御殿場の任侠の親分から縄張りを譲ってもらっていたとしたら、もし、ＣＩＣの金在春司令官の下でずーっと働いていたとしたら、などが考えられますが、このうち、最後のＣＩＣについてはどうでしょうか？」

「いや、それは私自身もよく考えることです。

仮に私が世渡りがうまく、お追従ものだったら間違いなく金司令官の希望に沿って、ソウルに居残って忠実にＣＩＣの仕事をしていたでしょう。なにしろ、金司令官はあの数年後に第三代ＫＣＩＡ長官に上り詰めた人物です。ＫＣＩＡ長官といえば権力の象徴です。そんな人物の後ろ盾があれば怖いもの知らずで、なんだって出来たでしょう。ＣＩＣとＫＣＩＡは人事交流がありましたから、私もＫＣＩＡに異動させられ、かつて希望していた日本駐在も実現していたでしょう。

しかし、そうなれば、かなり危ない橋も渡らなければならなかったでしょうね。ひょっとしたら、金大中拉致事件の実行犯になっていたかもしれませんよ。ワッハハハハ！」

「もし、そうだったとしたら、今頃こうしてお目にかかってはいませんね。ハハハハ！

では、御殿場の親分の方はどうでしょうか？」

「自分で言うのもなんですが、案外、様になっていたかもしれませんね。ハハハハ！

実は、それに関連した話なんですが、こういうことがありました。

日本総領事館の崔益均顧問弁護士のお蔭で私はきわめて特異な人物の知遇を得ましてね。その人物とは、知る人ぞ知る、「極東会」の松山眞一会長なんです。一般の人が「極東会」と聞くとギクッとするかもしれませんが、平たく言うと、あの「男はつらいよ」の寅さんに代表されるテキ屋衆の総本山で、松山会長はその総帥ですね。

そのような人物と崔弁護士はどんな関係にあるのかと言いますと、崔弁護士の娘さんのお婿さんというのが松山会長の甥に当たるのです。韓国ではこのような場合、崔弁護士と松山会長は「サドン」と呼ばれる親戚関係になります。もちろん、お婿さんの両親とも「サドン」であり、他方、松山会長にとっては崔弁護士の兄弟姉妹とも「サドン」になるのです。この呼称は韓国特有のもので、日本には無いようですね。

松山会長の本名は曺圭化（チョー・キューハ）と言い、曺氏は慶尚北道の名門だそうです。戦後は家族で当時の朝鮮に引き揚げたのですが、なんかの理由で松山会長だけが日本に残ったようです。

一方、崔弁護士の方も名門の家柄で、一族から多くの方が法曹界に出ています。お姉さんのご主人の李一珪氏（故人）はかつて大法院長（最高裁判所長官）を務めた方で、松山会長は、自分のサドンに大法院長がいたことを大変誇りに思っているそうです。

それは、ともかく、私が松山会長に会ったのは今年の四月、東京ででした。

日本のサドンに会いに行くので一緒に来ないかと崔弁護士に誘われ、気軽に付いて行ったのですが、なんと、相手はかの有名な方だったのです。

見事な銀髪で、ものすごいオーラが全身から溢れ出ていました。初対面の挨拶もそこそこに、出身も松山会長が慶尚北道、私が慶尚南道と近く、年齢もほぼ同じ（松山会長が一歳上）であることが明らかになり、お互いにすっかり親しみを覚えました。

『それじゃ、会長は私の兄さん（ヒョン）ですね。これからは、兄さんと呼ばせていただきますが、いいですか？』

『もちろんだとも。それにしても、アンタは我々の世界によく馴染んでいるようだが……』

『実は、昭和二十年代の後半に学生アルバイトで用心棒の真似事をしていたことがありまして……』

『なるほど、道理で。それじゃ、アンタとは義兄弟の杯を交わそう』

ということになりました。予想外の成り行きにちょっと戸惑っていましたら、横でニヤニヤしながら聞いていた崔弁護士が助け舟を出してくれました。

『崔さん、松山さんはね、朴正熙大統領の警護室長だった朴鐘圭氏（故人）やソウルにある名門校のリラ学園の権応八理事長とも義兄弟の関係にあるのですよ』

あのとき松山会長と交わした杯がどういう効力を持つのか分かりませんが、なんだか一場の夢を見ているような気持ちでした。それにしても、得がたい経験をさせてもらいましたよ」

「へえー、そんなことがあったのですか。やっぱり、崔さんは〝任侠の世界〟と縁があるんですね。

それでは、最後の質問をさせていただきます。

明子さんとの場合は、もし、巡り会っていなかったら、あのようなロマンスは生まれなかったわけですから、これはお尋ねしないことにします。

それに替えての質問ですが、養女の慶子さんについてお聞きしたいと思います。

私は、慶子さんの生い立ちについて〝数奇な星の下〟という表現を使わせてもらったのですが、慶子さんは、『私を生んでくれた親が誰なのか分からないけれども、その親に感謝したい』とけなげにも言っています。そして、今の両親、つまり崔さんと明子さんにも感謝の気持ちを述べています。

これに対して、崔さんはどう思われますか？」

「私が明子を韓国に呼び寄せたのは、人間としての約束は果たさなければならないと考えたからです。明子も私のその誠意は認めてくれたと思います。だからこそ、あの困難な時期にやって来て、厳しい生活に耐えてくれたのでしょう。

しかし、私は明子に安定した生活をさせてやることが出来ませんでした。それに加え、子供の出来ない明子に対して私の周囲から強い風当たりがあり、明子を苦しめました。

そのような状況の中で明子は生きる拠り所として、養女がほしいと言い出しました。彼女の気持ちがよく分かっていたので私も賛成し、慶子を養女に迎えました。しかし、赤ん坊の頃の慶子は病弱で、毎晩ヒーヒーと泣き、仕事で疲れていた私に癇癪を起こさせました。当時は、ちゃんとした病院もなく、明子は苦労しました。それでも、彼女はわが子のように慶子を慈しみ、育てました。並大抵のことではなかったと思います。

結局のところ、私たちは別れることにしました。当時の私には生活を向上させる見通しが無く、このままではますます明子が辛い思いをするだろうと考えたからです。一方、明子の方も、私にとって最良の道は韓国の女性と結婚し、崔家の跡継ぎを作ることだと考えていました。

別れるに当たって、彼女はこう言いました。

『私は慶子をあなたとの愛の形見として、私たちの本当の子供だと思って育てます。私はそれで満足です』

いずれ再会する日もあるだろうと思っていましたが、それは、慶子が二十歳になった年に実現しました。背が高く、立派に成長した慶子を見て私は感無量でした。総領事館にも連れて行き、みんなに紹介したときは実の父親のように誇らしく思いました。

慶子はそれから二、三年した後、自分が養女であることを知ったのですが、そのとき、彼女は私が総領事館の同僚に実の娘のように紹介したのを思い出し、あれは自分を不憫に思う気持ちからだったのではないかと思ったそうです。

私は、慶子が養女であることを知ってしまわない限り、いつまでも伏せておくつもりでした。しかし、明子が打ち明けてしまいました。それを知って私は慶子に電話をし、率直に私の気持ちを伝えました。

『慶子、お父さんの気持ちはお前が釜山にやってきた時のままだよ。崔秉大と明子がお前のお父さんとお母さんだ。私たちは二人とも苦しい時代を一生懸命に生き抜き、心から愛し合って結婚をした。お前を入籍したときにお前は私たちの子供になったんだ。だから、お前は私たち二人の子供として胸を張って生きて行ってほしい。

お母さんはお前をここまで育てるのに本当に頑張ってくれたんだよ。そのことはお前自身よーく分かっていると思う。それに、人はだれでも年をとってくると寂しくなるものなんだ。だから、お母さんを頼んだよ』

そうしたら、慶子は静かにこう答えてくれましたよ。

『お父さんのおっしゃることはよく分かりました。有難うございます』

慶子が冷静な気持ちで私の言ったことを聞いてくれたので私はホッとしました。難しい境遇に置かれたのに、よくぞぐれもせず真っ直ぐに育ってくれたものだと有難く思いました。彼女のような場合、往々にして身を持ち崩し、荒れた生活に走ることが多いですからね。この点は、明子にも感謝しています。

ただ、可愛そうなことに慶子は結婚して間もなく主人を病気で亡くしてしまいました。しかし、男の子が一人おり、今ではその子の母親として立派にやってくれているようです。

私もうじき八十になろうとしていますが、いつまでも元気で三人を見守ってやりたいと思っています」

「父親としての真情溢れるお話、感動しました。慶子さんもきっと幸せな日々を送っておられることでしょう。

それはそうと、崔さん、もう八十になられるのですか？　とうていそうは見えませんね。いかがですか、これまでの人生を振り返られて？」

「そうですね——。我ながら波乱に富んだ人生だったと思いますよ。しかし、そのとき、そのときを精一杯に生きてきましたのでまったく悔いはありません。

たしかに、日本の植民地時代のただ中に生まれ、少年時代を日本で過ごしたことでそれなりに辛いこともありました。小学校では〝半島出身者〟としていじめや差別も経験させられました。

しかし、私はその試練を乗り越えようと努力しました。そうなると、友情や師弟愛に包まれて楽しく過ごした思い出の方が大きく膨らみ、辛かった記憶なんかは吹っ飛んでしまいましたよ。こう言っちゃなんですが、当時の平均的な日本人の子供よりも私のほうが楽しい子供時代を過ごしたかも知れませんね。

小学校時代、相撲を取って泣かせた△△君なんかとは今でも年賀状を交換しています。私に親切にしてくれた二野宮さんは何年か前に数人の友達と一緒に釜山に遊びに来てくれました。彼女には時々、思い出したように電話をしています。

韓国と日本、国は違っても子供時代に育んだ友情は変わることはありません。こんな幸せなことはないと思います。

運命のいたずらか、朝鮮動乱が勃発したとき、私は玄界灘の上で祖国か日本か、二者択一の決断に迫られました。結局、後ろ髪を引かれる思いで日本にやって来ましたが、日本もまだ戦後の混乱期にあり、貧しく不安定な時代でした。しかし、私は若さに任せ、生きるためには何でも、といった感じで毎日をがむしゃらに送りました。その流れで一時は無頼の生活にも足を突っ込みました。その一方、一人の日本女性に巡り合い、苦しい愛を経験することになりました。でも、そのことで私は人を愛することの尊さを知りました。

祖国に戻った後、しばらくは鬱々とした生活を送っていましたが、ようやく日本総領事館という私の居場所を見つけ、若い頃からの念願だった日韓の架け橋としての仕事に就くことが出来ました。日韓の国交回復と同時のスタートであっただけに、やりがいのある仕事に恵まれ、本当に充実した二八年間でした。

ただ、当初はまだまだ対日感情の良くない時期で、時には子供たちに辛い思いをさせたこともありました。しかし、今、私が本当に嬉しく思うのは、一人の息子と三人の娘の四人全員が大学では日本語を専攻し、日本人と結婚したり、日本で仕事をしたり、と大きく日本との関わりを持ってくれていることです。

我が家は全員、文字通り〝体を張って〟日韓交流を実践しているのです。これが私の何よりの誇りです」

私は以上の話を聞きながら、波乱とスリルに満ちた〝我が崔秉大の旅〟もそろそろ終着駅に近づいたことを感じた。

〝終着駅〟と言えば、私はかつてのソウル駐在時代、出張でよく釜山を訪れたが、交通手段は常に列車のセマウル号だった。そして、釜山が終着駅だった。

セマウル号の車内は広々としており、実に快適だった。釜山に近づくと右手の車窓からは、なみなみと水をたたえた川がゆったりと流れるのが目に入ってくる。韓国内を流れる最長の川である洛東江《ナクトンガン》だ。私の釜山到着はたいがい夕刻だったから、川面は夕日に染まり、目を見張らせる美しさだった。その景色に見とれながら、私は夕映えの釜山港を想像し、一度実際にその風景を見てみたいと思ったものだった。

そんなことを懐かしく思い出しながら、今、私はペンを置こうとしているのだが、激動の八十年を過ごし今は穏やかな余生を送っている崔さんの姿と、私が想像した夕焼けの釜山港とが、なぜか二重写しになって目に浮かんでくるのである。

おわりに

朝鮮動乱が勃発した時、私は小学一年生でした。

その日、一九五〇（昭和二五）年六月二三日の夕刻の我が家で、ラジオを聞きながら父親が「これはまたエライことになったものだ」とつぶやきました。その時の情景は今でも私の目の底にはっきりと残っています。

当時、私の郷里（三重県伊賀上野）には、いわゆる〝朝鮮人集落〟があり、私と同じ小学校にもそこから通って来る生徒が何人かいました。彼らとは六年の間に同じクラスになったり分かれたりして小学校時代を過ごしましたが、時として民族の違いによる違和感のようなものを感じたことがありました。

しかし、いまだ世の中のことを十分に理解し得ない年頃でしたので、その違和感がどこから来るのか分からないのも無理からぬことでした。

ところで、私の思い出の中に、一人の集落出身の男子生徒がいました。彼は勉強が良くできる上に、体力抜群で喧嘩もめっぽう強い。それでいて弱いものいじめはしない〝正義の味方〟でした。私とはなぜかウマが合い、物不足の時代なのにいつも新しい文房具をたくさん持っていて、私に気前よく分け与えてくれたりしました。

小学校を卒業した後、彼とは別の中学校に通うことになったために殆んど会うこともなく、いつしか彼は私の脳裏から消え去って行きました。

あれから五十年もの歳月が流れました。そして、思いがけずも、このほど私はタイムスリップしてあの頃に舞い戻ることになりました。

この〝タイムスリップ旅行〟が実現した背景には以下のような経緯がありました。

時は昨年（二〇〇八年）五月、場所は韓国第二の都市、釜山の「シーメンズ・クラブ」と言う名の会員制のレストランでした。

私はここで本書の主人公である崔秉大（チェ・ビョンデ）さんに初めてお目にかかりました。紹介してくださったのは、私の三作目の著書『韓国の観光カリスマ』の主人公で、現在は釜山市観光協会名誉会長の高光喆（コ・クワンチョル）さんでした。

「北出さん、この崔さんと私は四十年来のお付合いでしてね、二人とも日本に関わる仕事を長年してきた関係で、時々このクラブに来ては日本語と韓国語をチャンポンにして昔話に興じているんですよ。

一九七〇年代の初めでしたかね、私が釜山市観光協会の職員として釜山港の外国人案内所に勤務していた時、崔さんも日本総領事館の職員として港の税関によく出入りしていましたので、知り合いになりました」

この時、僅か一時間ほどの間に崔さんからお聞きした幾つかのエピソードは、まるで小説を読むような面白さでした。

それから一ヶ月ほど後のことです。元海上保安大学校長の西山知範さんに東京でお目にかかりました。西山さんはかつて釜山の日本総領事館に出向され、高光喆さんとも大変親しい関係にあり、私が拙著『韓国の観光カリスマ』をお送りしてあったところ、お礼にと昼食に招待してくださったのです。

「高さんのご本、とても興味深く読ませていただきましたよ。どうですか、崔さんのことも書いてあげては？　われわれ海上保安庁から出向した元領事のグループも応援しますよ」

五月に釜山で崔さんにお会いした時は、そのような気持ちは余り無かったのですが、今回の西山さんのお勧めで私は大きく揺れました。

〈こんなにいろんな方からサポートされている崔さんは、恐らく人を惹きつける魅力を持った人物に違いない。その歩んできた人生もきっと想像以上に奥深いのだろう。ひとつ、取り組ませてもらおうか〉

と気持ちを固め、時間に余裕の出来た九月に釜山を訪問し、約一週間、崔さんに密着取材をさせていただきました。

予想通り、涙あり、笑いあり、時には緊張もあり、の崔さんの生き様は多くの人に知ってもらいたいと思わせる内容でした。十月、十一月の二ヶ月で一応全体のストーリーを書き上げ、十二月に釜山を再訪し、二度目の取材をさせていただきました。

二回にわたってインタビューさせていただいた崔秉大さんは、一口に言って〝強く、優しく、明るく〟を地で行くという表現がぴったりの方でした。戦前・戦中の少年時代を日本で過ごし、また戦後まもなく再び来日して混乱の時代を生き抜いた話となると、どうしても暗く、険しくなりがちですが、崔さんのお話はいつも明るく朗らかで、聞く者の心を温かくしてくれました。

それは、何物にも替えがたい天性のものと言うべきなのでしょうか。私はその部分を描きたいと念じながら筆を進めたのですが、果たしてどこまでそれを伝え切れたか、多少不安の残るところです。

率直に言いますと、崔さんと同世代の韓国・朝鮮の人々の中には、崔さん以上にドラマチックな人生を送られた方も多く存在すると思います。それらは、映画にもなった小説『みたびの海峡』（帚木蓬生著）や最近放映されたＮＨＫのテレビドラマ『海峡』でも見られる通りです。

しかし、私に限って言えば、小説やドラマの世界でしか接することが出来ないと思っていた人物が目の前に現れ、ご本人からその生き様を生の声で語ってもらえたことは大きな驚きであり、感動でありました。おこがましい言い方ですが、その私の感動を、本書をお読みくださる皆様方にも共有していただければ大変嬉しく思う次第です。

最後になりましたが、以下の皆様方に心からの感謝を捧げたいと思います。

先ずは、恥ずかしくなるような、と同時に有頂天にさせられるような「序文」をお寄せくださった朝日新聞コラムニストの若宮啓文様。そこでも述べられているように、若宮様は昨年十二月、私よりちょうど一週間前に釜山で崔さんに会われており、そのご縁で快くお引き受けいただいたのですが、われわれにとっては大変幸運なことでした。

次に、前述の通り、本書実現のためのきっかけを作ってくださいました高光喆様と西山知範様。お二人の崔さんに対する友情が無ければ、本書は日の目を見ることはなかったと思います。

それから、本文の「第四章」および「終章」に登場していただいた、元第十管区海上保安本部長の鈴木力雄様はじめ海上保安庁ご出身の皆様方には本文中の関係箇所の原稿を綿密にチェックしていただき、記載内容に正確を期すことが出来ました。

また、本文に登場してくださった多くの方々には面談もしくは電話インタビューをさせていただきましたが、いずれの場合も懇切にご対応いただきました。

そして、昨今の厳しい経済情勢にもかかわらず、本書の出版を快諾してくださった社会評論社取締役社長の松田健二様および同社のスタッフのみなさまに厚くお礼を申し上げます。

なお、本文中では敬称を略させていただいたことをお断りいたします。

二〇〇九（平成二一）年三月吉日

北出　明

北出　明（きたで・あきら）

1944年三重県上野市（現・伊賀市）生まれ。1966年慶應義塾大学文学部仏文学科卒、国際観光振興機構（JNTO）に就職。同機構のジュネーブ事務所（73～77年）、ダラス事務所（80～85年）、京都案内所（90～93年）、ソウル事務所（93～98年）に勤務。2004年JNTO退職。訳書に『ロールス・ロイス』（産業能率短大出版部）、著書に『風雪の歌人』（講談社出版サービスセンター）、『争いのなき国と国なれ』（英治出版）及び『韓国の観光カリスマ』（交通新聞社）がある。

釜山港物語――在韓日本人妻を支えた崔《チェ・》 秉《ビョン》 大《デ》の八十年

2009年7月15日　初版第1刷発行

著　者――――北出　明

発行人――――松田健二

発行所――――株式会社社会評論社

東京都文京区本郷 2-3-10

☎ 03(3814)3861　FAX 03(3818)2808

http://www.shahyo.com

装幀：中野多恵子

印刷・製本：倉敷印刷

【シリーズ】沖縄・問いを立てる［全6巻］★各巻1800円＋税

「日本であって日本でない」沖縄は、研究対象の宝庫ではあるはずだが、数多い沖縄研究は、はたして沖縄の歴史的社会的実像に迫り、将来的展望を切り拓く手がかりを与え得る内実を備えているだろうか。
若手論者五名によって編まれるこのシリーズは、こうした問いに正面切って応えようとする試みではないかと思う。

新崎盛暉

第1巻●沖縄に向き合う――まなざしと方法
屋嘉比収・近藤健一郎・新城郁夫・藤澤健一・鳥山淳編
座談会・沖縄の現実と沖縄研究の現在をめぐって／沖縄研究ブックレビューほか

第2巻●方言札――ことばと身体　近藤健一郎編
沖縄における「方言札」＝近藤健一郎　「南嶋詩人」、そして「国語」＝村上呂里　近代沖縄における公開音楽会の確立と音楽観＝三島わかな　翻訳的身体と境界の憂鬱＝仲里効　沖縄教職員会史再考のために＝戸邉秀明　沖縄移民の中の「日本人性」＝伊佐由貴

第3巻●攪乱する島――ジェンダー的視点　新城郁夫編
「集団自決」をめぐる証言の領域と行為遂行＝阿部小涼　沖縄と東アジア社会をジェンダーの視点で読む＝坂元ひろ子　戦後沖縄と強姦罪＝森川恭剛　沈黙へのまなざし＝村上陽子　一九九五―二〇〇四の地層＝佐藤泉　母を身籠もる息子＝新城郁夫

第4巻●友軍とガマ――沖縄戦の記憶　屋嘉比収編
戦後世代が沖縄戦の当事者となる試み＝屋嘉比収　座間味島の「集団自決」＝宮城晴美　「ひめゆり」をめぐる語りのはじまり＝仲田晃子　ハンセン病患者の沖縄戦＝吉川由紀　日本軍の防諜対策とその帰結としての住民スパイ視＝地主園亮

第5巻●イモとハダシ――占領と現在　鳥山淳編
現代沖縄における「占領」をめぐって＝若林千代　琉球大学とアメリカニズム＝田仲康博　占領と現実主義＝鳥山淳　「復帰」後の開発問題＝安里英子　集団就職と「その後」＝土井智義

第6巻●反復帰と反国家――「お国は？」　新城郁夫編
〈無国籍〉地帯、奄美諸島＝前利潔　国家に抵抗した沖縄の教員運動＝藤澤健一　五〇年代沖縄における文学と抵抗の「裾野」＝納富香織　語りえない記憶を求めて＝我部聖　「反復帰・反国家」の思想を読みなおす＝徳田匡